产品内分工与中国服务业发展

刘玉荣　著

中国财经出版传媒集团
中国财政经济出版社

图书在版编目（CIP）数据

产品内分工与中国服务业发展 / 刘玉荣著. --北京：中国财政经济出版社，2019.12

ISBN 978-7-5095-9501-5

Ⅰ.①产… Ⅱ.①刘… Ⅲ.①服务业-经济发展-研究-中国 Ⅳ.①F726.9

中国版本图书馆 CIP 数据核字（2019）第 280126 号

责任编辑：吕小军　　　　责任校对：张　凡
封面设计：陈宇琰

中国财政经济出版社 出版

URL：http：//www.cfeph.cn

E-mail：cfeph @ cfeph.cn

社址：北京市海淀区阜成路甲 28 号　邮政编码：100142

营销中心电话：010-88191537

北京财经印刷厂印刷　各地新华书店经销

710×1000 毫米　16 开　11.75 印张　181 000 字

2019 年 12 月第 1 版　2019 年 12 月北京第 1 次印刷

定价：48.00 元

ISBN 978-7-5095-9501-5

（图书出现印装问题，本社负责调换）

本社质量投诉电话：010-88190744

打击盗版举报热线：010-88191661　QQ：2242791300

深入参与全球价值链　提升现代服务业

（代序）

2001年加入WTO以后，中国制造业取得了飞速发展。这一发展格局与中国企业由此深度地嵌入了由欧、美、日跨国企业主导的全球价值链，承接这些跨国企业发出的制造业国际订单、进行制造业的国际代工有直接的关系。也就是说，加入WTO以后中国长期扮演了“世界工厂”的角色。这种基于加入全球价值链制造业出口导向发展模式，在一定程度上造成了中国产业结构中第二产业比重畸高，而第三产业比重偏低，尤其是生产性服务业发展滞后。究其原因主要有三点：

第一，由于全球价值链的每个环节对应着不同的技术层级，参与全球产品内分工无疑会对世界各国的产业结构表现出很大的差异性。长期以来，发达国家占据了全球价值链两端的研发、设计、营销、品牌服务等环节，这些环节基本属于附加值含量较高的生产性服务链，因此服务业获得了快速的提升。而以中国为代表的发展中国家集中于劳动密集型的加工组装环节，服务业发展相对滞后。

第二，由于国际分工的差异化，中国在参与全球分工体系的过程中，大量承接国际制造业外包使全球制造业市场成为支持代工地区制造业比重持续上升的因素，而这些地区服务业并没有实现全球化，支撑其发展的只是本地化为主的市场容量，也就是出现了“制造业全球化、服务业本地化”的现象。

第三，这种高度依赖一般加工制造环节的模式缩短了国内的产业链条，在某种程度上割裂了制造业和生产性服务的产业关联，代工制造业发展不仅没有形成对生产性服务的有效需求，反而在要素获取方面与服务业形成竞争。受制于两头在外的加工贸易，中国制造的服务投入大量来自国外，致使国内产业关联和循环体系出现“断点”，制约了生产性服务业的发展。

目前，我国大部分代工企业仍处于全球价值链中低端，依靠制造业的大规模、低成本、低价格进入市场。但要看到，随着我国经济发展和人民生活水平提高，劳动力成本逐渐上升，各类生产要素的低成本优势正在减弱。同时，经过多年的技术、人力资本、管理经验和生产能力积累，一些代工企业已走过进口零部件的装配生产阶段，处于大规模整机生产能力提升阶段，逐步形成了自己的研发设计能力，有的还拥有核心技术和自主品牌。这说明，我国企业已经具备了转型升级的条件和基础，应通过深度应用信息技术促进制造与服务融合，加快发展服务型制造，利用信息化平台和工具，推动服务向产业链的前端和后端延伸，扩大服务范围和服务群体，及时获得客户反馈，优化服务内容，持续提升服务质量。

当前，全球已进入服务经济时代，服务业成为世界经济重要增长极。对于中国来说，随着中国要素禀赋优势和交易成本要素结构的变化，大力发展制造型服务和现代服务业就成为必然的选择。从实践来看，近些年我国服务业规模日益壮大，已经由昔日处于辅助和从属地位跃升为中国经济第一大产业，成为中国经济稳定增长的重要基础。2012 年我国第三产业增加值占国内生产总值比重上升到 45.5%，首次超过第二产业，跃居第一。2015 年，这一比重继续上升至 50.5%，标志着中国经济正式迈入服务化的时代，具有非常重要的战略意义。2018 年，中国服务业占 GDP 比重已经达到了 52.2%，高于第二产业 11.5 个百分点。服务业已经成为中国名副其实的第一大产业，成为推动中国经济增长的主要动力和新引擎，为经济平稳运行提供了有力支撑。未来，我国服务业所占经济比重将进一步提高，第三产业和第二产业将共同拉动经济发展和产业结构的转型。现代服务业发达与否，直接决定了一个经济体在全球分工格局中的竞争力与话语权，加快发展服务业将成为经济全球化的大势所趋。而未来中国的对外开放战略必将转向价值链升级战略，必将更加注重服务业的发展，以此才能更好地培育中国向全球价值链中高端攀升新的竞争优势。

我认为，在上一轮的经济全球化中，制造业积极参与全球分工体系，体现了制造业的开放，未来中国若想在高水平开放格局中进一步获得成功，必将是服务业的开放。我国参与新一轮的经济全球化，一个重要内涵是要在过去制造业发展的基础上，主要依托于制造业的转型升级和战略性新兴产业的发展，加速推进以现代服务业为核心的全球化发展。这一内生化增长模式是中国经济增长的新动力，是调整经济结构和转变发展方式的主线。

事实上，全球价值链分工体系并非静止不变，而是处于一个动态重塑的过程。时至今日，随着国际分工程度不断深化，以中国为代表的新兴经济体在全球价值链中发挥的作用越来越大，全球价值链分工正呈现出新的演化趋势：一方面，在开放经济环境和创新作用的带动下，全球价值链中以欧美发达国家为主导地位的格局正逐步被打破，中国开始逐步向全球价值链两端攀升，逐步占据附加值高的领域。另一方面，中国正积极构建以自我为主导、引领发展中国家价值链的分工体系。“一带一路”倡议推动了中国与相关国家和地区的产业转移与产能合作，为中国构建自我为主导的价值链体系提供了发展平台和空间。“一带一路”倡议的提出，就是将中国最初的单一东向开放，逐渐延伸拓展到双向开放和全方位开放，塑造中国在“一带一路”中的链主地位。因此，全球价值链重塑带来新的结构性变化，改变了以往中国被“锁定”在价值链低端从事国际代工的地位，中国不再是固守过去那种被动嵌入全球价值链的格局，而是日渐成为影响世界经济的一个重要中心和枢纽。

毋庸置疑，新一轮科技和产业革命正孕育兴起，国际分工体系加速演变，全球价值链深度重塑，会给中国服务业的发展带来新的契机。全球价值链重塑对我国服务业发展的促进作用至少会通过以下几条渠道传递：

第一，随着国际分工体系日趋细化，全球价值链中间品贸易日渐频繁，中国从发达国家进口先进机器设备、原材料、核心零部件等，这些中间产品技术含量高，具有知识和技术密集型的特征，通过进口中间产品的“干中学”效应和“技术溢出效应”，逐步帮助企业更多地参与到技术含量高、资本与技术密集度较高的产品加工环节中去。

第二，经过多年的技术、人力资本、管理经验和生产能力积累，中国沿海部分企业增强了国内中间品的生产配套能力，形成了较为完整的产业链和产业集群，通过不断调整加工贸易产品结构，逐步进入了关键零部件和核心技术的研发领域。部分代工企业已经走过了装配生产阶段，逐步掌握关键零部件和一些高科技产业的生产环节，提高了高技术含量产品的附加值，有的还拥有了核心技术和自主品牌，带动了生产服务业的发展。

第三，“一带一路”倡议下，我国通过贸易转移、投资等方式将成本优势逐渐丧失的产业转移至国外，促进国内释放的生产要素向附加值更高的新兴产业聚集，为研发、设计、营销、品牌等服务业腾挪空间。“一带一路”倡议的提出对区域价值链的主导权提出了要求，由依靠发达国家的“外围、受控”的关系转变为自我主导的“核心、控制”关系，由“承包”关系升级为“发包”关系，促进高附加值生产性服务业发展。

刘玉荣博士的这本《产品内分工与中国服务业发展》著作，就是从中国加入 WTO 背景下对服务业发展的一个系统研究。这本著作是她在博士学位论文基础上，经过不断修改和完善而出版的。在博士论文的研究中，我鼓励她用全球开放视野去研究中国服务业的发展问题。最终她选择了从全球价值链的视角对服务业规模扩大、结构优化、服务业技术进步与生产率、制造业服务化与升级等方面问题进行了较为细致的研究。这本书体现了她的认真刻苦，以及较深厚的学术功力，具有较高的学术价值。该书的主要特色有：

第一，在视角上，从全球价值链拓展和重塑的维度对服务业发展问题研究，区别于以往价值链静态视角。更好地将新兴经济体崛起、中国在全球分工体系中从“被动嵌入”向“主动融入”转变，逐步成为全球价值链整合中心的现实背景加以结合，将全球价值链分工演进表现出的新趋势和新的结构性变化特征予以充分考虑。

第二，在理论上，该书的研究不仅丰富和拓展全球价值链分析框架，进一步完善了价值链理论，更重要的是揭示了开放背景下产品内分工驱动我国服务业水平提升的作用机制，阐释了产品内分工对我国服务业发展“量”和“质”都存在促进作用，丰富了服务经济与生产服务业发展相关理论，区别于以往研究关于参与全球分工体系对我国服务业发展尤其是生产性服务业发展仅存在“割裂”“抑制”或“阻碍”作用的观点，多角度综合考虑 GVC 对服务业发展的促进作用机制。

第三，在方法上，基于最新版本（WIOD2016）数据库提供的世界投入产出表，利用全球价值链分工地位指标新的测度方法，从 GVC 地位指数、GVC 参与度、GVC 前向和后向参与度，全面科学衡量我国产品内分工程度和地位变迁。利用趋势分析法、比较分析法等刻画和比较中国在全球价值链上的分工地位与演变趋势，比较不同细分制造行业分工地位的差异性变化特征与演变趋势。并深入开展大量实证分析，全面考察了产品内分工对服务业的规模效应、结构优化效应、技术进步与效率效应等方面的影响。

近 20 年来，我和我的研究团队通过将产业经济学的研究范式逐步扩展到国际贸易学、宏观经济学、区域经济学和发展经济学等学科，不仅取得了丰硕的研究成果，更培养了一批批优秀的学术新秀。尤其是，2015 年成立的、由我牵头的国家高端智库建设培育单位，江苏首批重点高端智库——长江产业经济研究院，更是致力于将理论成果应用于解决中国产业经济发展的实际问题，初步取得了较为成功的社会反响。刘玉荣博士的新作，正是将产业经济学和国际贸易学相结合，基于“全球化、融合化和本地化”的研究范式将产业发展问题扩展到全球开放视野下。在该书出版之际，我向大家推荐这本新作，希望该书能够对读者有所启发，对产业经济学学科创新有点边际贡献，对我国服务业高质量发展政策有所启迪，对她的成长有所激励。

刘志彪
2019年11月
南京大学丙丁楼

前言

当前全球化进入资源深度整合的时代，以国际生产分割与生产共享为表现形式的产品内分工已成为经济全球化最突出的特征。中国加入全球分工体系的初期存在着这样一种现象：经济程度越发达，参与全球分工程度越高的沿海城市或地区，服务业比重却比较低。这一悖论后来被诸多学者加以研究，认为造成这种格局最重要的原因是由中国参与国际产业分工的竞争格局决定的，这种高度依赖加工贸易的模式只带来了制造业比重持续上升，对服务业的发展并未产生积极的刺激作用。“制造业全球化、服务业本地化”造成了服务业比重较低。

然而，价值链的布局并非静止不变，而是处于一个动态重塑的过程。近些年来随着国际分工程度的不断深化，各国在全球价值链上的固化状态已经被打破，中国制造业在全球价值链中的作用日益凸显，国际分工地位逐步提高，逐步跨越“低成本”外包国的角色。沿海城市的部分企业通过不断调整加工贸易产品结构，逐步进入了关键零部件和核心技术的研发领域，成为国际分工体系中不可或缺的重要环节。与此同时，中国经济正式迈入“服务化”时代，服务业已占据了经济的“半壁江山”，成为国民经济第一大产业，呈现出良好的发展态势。为此本书提出这样的疑问：中国服务业发展水平快速提升的原因中有无融入全球生产分工体系的因素使然？参与产品内国际分工与我国服务业发展之间内在联系与作用机制如何？对服务业规模效应、结构优化以及服务业技术与效率又会产生怎样的影响？我国服务业是否能在全球分工体系背景下更好地为补齐“短板”找到一个新的方向？这些都是本书的研究主题，探索上述问题将对现有关于中国参与全球价值链分工模式“割裂”和“阻断”国内服务业发展能力的观点进行重新认识与审视，并为中国继续以积极的姿态融入全球生产分工体系提供有力的依据。

毋庸置疑，服务要素已然成为决定全球价值链利益分配的关键要素。一国服务业是否发达，将决定其在全球分工体系中的话语权，发展服务业必将成为全球化的大势所趋。但我国服务业仍面临内部结构不合理、服务业国际竞争力薄弱等突出问题，是供给侧结构性改革的关键和核心。因此，从国际分工视角下研究中国服务业发展问题，对于中国经济增长动力的转换与产业结构的优化升级具有非常重要的现实意义与研究价值。

本书采用国际贸易学、产业经济学、服务经济学等相关理论，运用数学理论建模、矩阵测算方法、计量分析方法等，从国家层面、行业层面全面对产品内分工与国内服务业发展之间的关系进行深入细致的分析，并围绕这一主要议题，按照“是什么”“为什么”和“怎么办”的逻辑思路展开研究。

“是什么”部分，主要对中国当前参与产品内分工程度及地位指数进行测度，并与世界代表性国家的GVC参与度与GVC地位指数的变化进行国际比较，然后从国内和国际两个视角对中国目前服务业发展的现状进行了较为全面的描述统计分析。以此为分析的切入点，试图探寻两者之间的联系。

“为什么”部分主要分为理论分析框架与实证分析两大部分。理论分析部分借鉴Dixit和Grossman（1982）构建的多阶段生产模型，阐述了产品内分工影响不同国家服务业发展差异的机制，然后分析了GVC动态调整背景下，参与分工对发展中国家服务业促进作用的机制，最后分三个方面进一步分析产品内国际分工对中国服务业发展的影响机制，并提出了待检验的理论命题。

实证部分分为三个部分：第一部分实证检验中国参与对产品内分工对我国服务业规模效应以及结构优化的影响。首先检验中国制造业参与产品国际分工对整体服务业发展的影响效应，然后进一步检验对生产性服务业、消费性服务业以及公共性服务业不同功能服务业的影响，最后检验对生产性服务业内部各细分行业的影响。第二部分在增加贸易框架下实证考察服务本身嵌入全球价值链对服务业全要素生产率是否具有积极的促进作用，以及对服务业技术进步与技术效率的促进作用是否显著。第三部分考察国际分工体系下制造业服务化与产业价值链提升的交互效应。考察中国制造业参与产品内分工对制造业服务化水平的提高是否具有显著的促进作用，考察制造业服务化对我国 GVC 的攀升是否提供有力支撑，在不同技术类别制造业部门中，两者之间的交互作用又如何？

“怎么办”部分从产品内分工的视角，提出了中国发展服务业可以依赖两条纵横交错的路径及相关政策建议：一是“旧的路径”，即继续以积极的姿态深度融入现有发达国家为主导的全球分工体系，不断延伸产业链，实现国内服务业发展；二是“新的路径”，即以“一带一路”倡议为导向，积极构建自我主导的国际生产经营网络，做价值链的“链主”或发包者，将成熟的制造业产业转移出去，促进国内释放的生产要素向高端产业和附加值更高的新兴产业聚集，为研发、设计、金融、营销等服务业腾挪空间，逐步向全球价值链的中高端攀升。

本书研究可能的创新点体现在以下几个方面：

第一，本书对现有关于中国参与全球生产分工模式“割裂了制造业与生产性服务业的产业关联”等观点进行了重新论证。通过研究发现，产品内国际分工对中国服务业，特别是生产性服务业发展存在先抑制再促进的“U”形非线性影响效应。

第二，本书通过研究得出，中国参与产品内分工除了对服务业发展的“量”产生促进作用外，还会对服务业的“质”有积极的影响作用。综合起来，本书考察了分工模式对服务业规模效应、结构效应和技术效应等方面的影响，为服务业的全面发展提供了现实依据。

第三，与以往文献只关注分工模式对服务业自身的影响之外，还考察了分工与“嵌入”或“内化”在制造业中的服务的关系，即制造业服务化与价值链攀升之间的交互效应。研究发现，整体来看参与产品内分工促进了制造业服务化水平的提高，但制造业服务化并没有对我国价值链的提升提供较好的支撑。分技术部门来看，高技术制造部门中，两者之间的交互作用显著为正，但中低技术制造业参与全球分工对制造业服务化的影响不显著。

2019 年 12 月

Abstract

Nowadays, Intra – product specialization has become the most prominent feature of economic globalization. There exists a phenomenon at the early stages of the China's participation in the international specialization: the more developed economy, the higher participation in the international specialization in the coastal cities or regions, the lower proportion of service sector. This paradox was later discussed by many scholars, they found that the most important reason for this pattern is determined by China's participation in the international specialization. Because the processing trade model only generated the rise of the proportion of manufacturing, and did not produce a positive stimulating effect on service sector. "Manufacturing globalization, service localization" has resulted in a lower proportion of service sector.

However, the layout of GVC is not static, It's always in a dynamic remodeling process. In recent years, With the deepening of the specialization, the curing state of the countries in the GVC has been broken, the role of China's manufacturing sector in the GVC has become increasingly prominent, the international specialization status gradually increased. Some enterprises in the coastal cities have become the indispensable part of the international specialization by constantly adjusting the structure of processing trade products, and gradually entering the research and development areas of key components and core technologies. At the same time, China's service sector is playing a dominant role, making up over 50% of Chinese economy, and has been become the largest economy sector. So some questions are put forward: Whether intra – product specialization is one of the influence factors for the rapid increase of China's service development? What is the internal link between the Intra – product specialization and the development of China's service sector? How does the intra – product specialization influence the scale, structure, technology and efficiency in service sector? Under the background of international specialization, how does the service sector find a new way to develop? These questions capture the topics of this paper. These results are propitious to reacquaint the existing viewpoint that participation in the international specialization will "split" and "block" the development of domestic service sector.

There is no doubt that Services have become key elements in determining the distribution of benefits in the global value chain. Whether the modern service industry developed or not determines the competitiveness and discourse right of an economy in the international specialization directly. The development of service sector will become the trend of globalization. However, there are some prominent issues in China's service sector, such as the irrational internal structure, weak international competitiveness etc. On the other hand, service sector is the core of the supply – side reform. Therefore, it has great practical significance and research value to research the development of China's service sector from the perspective of intra – product specialization, which is very important for the transformation of China's economic growth and the optimization and upgrading of industrial structure.

This paper analyses deeply the relationship between the Intra – product specialization and the service sector from the national level and industry level by using some related theory of the international trade, industry economics, service economics etc. The methods are used with the theory of mathematical modeling, matrix measure, econometric analysis. Using these methods, this paper focuses on the main topic, analyses three main parts, such as "what", "why" and "how".

The part of "what" analyses the current situation of the intra – product specialization and the development service sector. It seeks to answer the question of "what". It measures the GVC participation and GVC position index of China, and makes international comparison with the representative countries, then gives a detailed description of the development service sector from both domestic and international perspective.

The part of "why" is mainly divided into theoretical analysis framework and empirical analysis. Based on the multi - stage production model constructed by Dixit and Grossman (1982), this paper expounds the influence mechanism of intra - product specialization of the development of service sector in different countries. In addition, it analyses participation in the international specialization is helpful to the promotion of service sector in developing countries under the background of GVC dynamic adjustment. Finally, it analyzes the influence mechanism of international specialization in China's service sector, and some research propositions are put forward.

Empirical part is divided into three parts. The first part confirms the impact on the scale effect and structure optimization in service sector of China's participation ininternational specialization. Firstly, it analyzes the impact on the development of the overall service sector, and then examines the impact on the different functional services of the producer services, the consumer services and the public services. Finally, it confirms the impact on the various sub - sectors in the producer service sectors. The second part examines the impact of the global value chain on the TFP in the service sector in the framework of trade in value added, and further examines the impact of technological progress and technical efficiency on domestic services. The third part examines the interaction between servitization and GVC upgrading. It is very important to investigate whether the specialization in Chinese manufacturing industry plays a significant role in improving the service level of manufacturing industry, and investigates whether the service of the manufacturing industry provides a strong support to the GVC.

The part of "how" gives the conclusions and policy suggestions. Two paths of service sector are provided: the "old" path is to participate in the international specialization actively, the "new" path is to take "the Belt and Road strategy" as the guidance and construct self - dominated value chain system, to do the "chain owner" or the contract of GVC, to transfer the mature manufacturing industry, to promote the production factors released by the domestic market to high - end industries and higher value - added industries, to make space for research and development, design, finance, marketing and other services, to gradually climb the high - end of global value chain.

The possible innovations of this paper are:

Firstly, this paper re - demonstrates the existing view of China's participation in the international specialization block producer services. It finds that the international specialization has the "U - shaped" effect on the development of China's service sector, especially the productive service sector.

Secondly, this paper gives the conclusions that China's participation in international specialization has positive impact on the "quantity" and "quality" in service sector. To sum up, this paper confirms impact on the scale of service industry, structural effects andtechnical effects, which provides a realistic basis for the development of the service sector.

Thirdly, it also confirms the relationship between division and "embedded" or "internalized" services in the manufacturing sector, that is, the interaction effect with the servitization in the international specialization. The results show that: In the whole manufacturing sector, China's participation in international specialization promote the level of servitization, howerer, the servitization does not provide a strong support to the upgrading in the international specialization. From the different technical categories perspective, in the high - tech manufacturing sector, there is a positive interaction between the manufacturing service sector and the upgrading of the GVC, but the impact of the low - tech manufacturing specialization on the service sector is not significant.

目录

第 1 章

导　论

1.1　问题的提出

近些年来，随着全球价值链分工（Global Value Chains，GVC）程度的不断深化（Gereffi 与 Frederick，2010；Johnson 与 Noguera，2012a；Baldwin 与 Lopez - Gonzalez，2013）。以国际生产分割与生产共享为表现形式的产品内分工已然成为当今经济全球化最突出的特征。在这种分割的"任务和活动"（Tasks and Activities）体系下，要素成为参与价值链分工的基本单位（李宏艳、王岚，2015），一国的产业发展已不可能再独善其身，而必须以积极的姿态融入全球价值链，参与新型的国际分工。

各国都不同程度地参与国际生产和贸易体系，使全球中间产品贸易快速增长。中间品贸易可用来衡量一国参与产品内分工程度（Yeats，1998；Athukomla 等，2012）。根据联合国 COMTRADE 数据库广义经济分类法（Broad Economic Classification，BEC）下的中间品贸易数据（Intermediate Goods）整理计算可知，1998 年至 2014 年，中国的中间产品进口额占当年进口总额的比重均在 70% 以上，中间品出口额占当年出口总额的比重在 35% ~ 45%，中间品贸易总额占总贸易额的比重均在 50% 以上，尤其是 2004 年后，这一比例均提升至 55% 以上（见表 1.1）。表明中国已深度融入了全球经济和全球价值链的国际分工体系。

表 1.1　　1998 ~ 2014 年中国中间品贸易数据

年份	中间品进口额占进口总额的比重	中间品出口额占出口总额的比重	中间品贸易总额占贸易总额的比重
1998	0.7448	0.3648	0.5293
1999	0.7370	0.3664	0.5367
2000	0.7583	0.3789	0.5589
2001	0.7315	0.3828	0.5494
2002	0.7260	0.3885	0.5490
2003	0.7217	0.3820	0.5467
2004	0.7294	0.3972	0.5587
2005	0.7470	0.3991	0.5606
2006	0.7444	0.4107	0.5607

续表

年份	中间品进口额占进口总额的比重	中间品出口额占出口总额的比重	中间品贸易总额占贸易总额的比重
2007	0.7521	0.4147	0.5630
2008	0.7535	0.4309	0.5734
2009	0.7597	0.3874	0.5570
2010	0.7523	0.4028	0.5669
2011	0.7409	0.4119	0.5694
2012	0.7340	0.4035	0.5589
2013	0.7274	0.4150	0.5615
2014	0.7303	0.4141	0.5581

数据来源：作者根据联合国 COMTRADE 数据库的广义经济分类法 BEC 的中间品贸易数据整理计算所得。

中国加入全球分工体系的初期存在着这样一种现象：国内一些人均收入较高，外向经济发达的沿海城市或地区服务业比重却比较低，这一悖论后来被诸多学者加以论证。刘志彪（2011）认为，中国在参与全球分工体系的过程中，承接了大量的制造业外包，直接导致了这些地区制造业比重的持续上升，而这些地区的服务业在全球分工格局中并没有实现全球化，支撑服务业发展的仅有本地化为主的市场容量，出现了“制造业全球化、服务业本地化”的现象，因此造成了服务业比重较低。还有大量研究也都认为长期以来中国更多地扮演了“世界工厂”的角色。在改革开放的40多年里，一直以低成本竞争优势嵌入欧美发达国家主导的 GVC，处于微笑曲线的底部从事国际代工业务。这种高度依赖一般加工制造环节和加工贸易模式缩短了国内的产业链条，造成了中国对国内的生产性服务业需求较低，而主要依托于境外市场，从而没有给服务业在国际化分工中留出余地。并在很大程度上割裂了制造业与生产性服务业的产业关联，只带来了制造业的发展繁荣，对服务业的发展并未产生积极的刺激作用（LO 等，2009；顾国达、周蕾谭，2010；谭洪波、郑江淮，2012；段国蕊、方慧，2012）。

然而，随着分工程度的不断深化，产品内分工对中国服务业发展的能力仅仅只是“割裂”或“阻断”吗？会不会存在着另一种促进作用的机制？事实上，中国国内经济结构正在发生重大的变化，服务业在经历了一段时间滞后发展后出现了一些积极变化的特征事实：近些年我国服务业获得比较全面快速的发展，规模持续增大，2012 年我国第三产业增加值占国内生产总值比重上升到45.5%，服务业正式成为中国国民经济第一大产业，成为推动中国经济增长的主要动力和新引擎。

那么，近些年来中国服务业快速发展的原因中有无中国融入全球生产网络，参与产品内分工的因素使然？若是，参与产品内分工与我国服务业发展之间究竟呈现怎样一种内在关系？在制造业专业化程度提高和国际分工程度日益深化的背景下，中国积极融入全球价值链，对国内服务业规模效应和结构优化会产生怎样的影响？对国内服务业生产率及服务技术进步和效率影响又如何？不仅如此，犹如制造业参与国际分工体系一样，服务业的全球碎片化特征也日益明显，生产过程服务的投入正成为全球价值链中重要的组成部分，大量服务业嵌入到商品生产进行间接的出口，通过物化在商品中实现了可贸易。参与产品内分工除了对服务业本身有影响之外，是否还会对“嵌入”或“内化”在制造业的服务，即“制造业服务化”产生影响？反之，制造业服务化是否又可以带来我国价值链的升级与提升？两者的相互作用机制如何？我国服务业如何在全球分工体系背景下更好地发展？这些都是值得关注与研究的问题。

未来中国在参与GVC的竞争中，要实现向全球价值链中高端攀升，就必须有服务业作为坚强后盾，更加注重发展服务业，逐步实现服务业的“全球化”，培育新的竞争优势。同时，为了促进中国经济由工业主导向服务业主导转变，更好地促进国内服务业的发展，中国应该在新一轮高水平对外开放之际，在更广领域和更高层次的水平上，以更加积极的姿态参与全球价值链分工，同时注重以自我为主导的全球价值链和区域价值链的打造。

1.2 选题意义

1.2.1 理论意义

随着经济发展水平的不断提高，经济服务化是一个必然的趋势。这种关系最早在配第—克拉克定律中就有所阐述（M. A. Colin Clark，1940）。之后，西蒙·库兹涅茨（Simon Kuznets，1971）在继承克拉克研究成果的基础之上，将国民收入和劳动力都作为分析的指标，对经济增长和产业结构之间的变化关系进行了深入研究，得出的结论是：随着经济的增长，农业部门的国民收入的相对比重和劳动力的相对比重都不断下降；工业部门中国民收入的相对比重大体上升，劳动力的相对比重大体不变或略有上升，服务业部门的相对收入比重大体不变或略有上升，劳动力相对比重不断上升，具有较强的吸收劳动力就业的特征。霍利斯·钱纳里等（Hollis B. Chenery 等，1987）著名的经济学家也对产业结构的变动与就业结构的变动间关系进行了深入研究，提出类似的结论：随着收入水平的提升，服务业在产值和提供就业岗位方面较工业部门更有优势。

从世界范围来看，不论是发达国家（地区），还是发展中国家（地区），服务业的比重都在逐步上升。第二次世界大战后，美国服务业就业比重持续上升，大约在 20 世纪 50 年代中期，美国就率先成为服务型经济的国家。如果以国际公认的服务业就业占比达 50% 以上为服务型经济的衡量标准，到 20 世纪 90 年代末，世界上几乎所有发达国家（地区）都成为服务型经济国家。目前从总体上来看，发达国家（地区）增加值和就业的 70% 以上由服务业创造，经济社会运行的主要特征也越来越知识化、信息化和无形化。同样，亚洲新兴市场也遵循着相同的经济发展规律，经过 20 世纪七八十年代的高速发展，韩国、新加坡、中国台湾和中国香港也成功实现服务型经济的转型。服务业是经济增长的发动机（Guerrieri 等，2005），已日益成为影响世界各国（地区）经济发展的强劲动力。关于服务业发展的原因，学者们研究的视角多种多样：以收入增长为代表的最终需求的角度（江小涓、李辉，2004）、服务业生产率的角度、技术进步与创新（Koson，2007；Sapprasert，2011）、产业关联的角度等等都较好地解释了这一问题。

本书将从一个有别于传统研究的视角：产品内分工与全球价值链的维度，去探究服务业发展问题。近年来，随着交通运输、通信与成本的不断下降，各种产品的生产过程被分散在世界不同的国家和地区进行，资源要素在全球范围内不断进行重组与调整，世界经济已步入了全球价值链的时代（裴长洪、郑文，2014），已构成众多国家参与、生产任务分割、全球范围内生产的新型国际生产分工体系。由于全球价值链的每个环节对应着不同的技术层级（Humphrey，2004），参与全球产品内分工无疑会对世界各国的产业结构表现出很大的差异性，长期以来，发达国家占据了全球价值链两端，占据了价值链两端的研发、设计、营销、品牌服务等环节，这些环节基本属于附加值含量较高的生产性服务链，因此服务业获得了快速的发展。而以中国为代表的发展中国家服务业发展相对滞后，这一方面可能与中国处于加速工业化阶段有关：国内各地产业结构雷同、城镇化相对滞后、二元经济结构未根本打破等因素都会抑制服务需求的有效增长；另一方面许多学者认为造成这种格局的最重要的原因是由我国参与国际产业分工的竞争格局决定的。在产品分工体系中，发达国家集中位于价值链的研发、设计和品牌、营销等环节，具有较强的技术与资本密集性；发展中国家则主要集中于加工组装环节，具有劳动密集型的特点，这种国际分工的差异化决定了发达国家与发展中国家服务业发展水平的不同，造成了中国产业结构中第二产业比重畸高，而第三产业比重畸低的现状。

然而价值链并不是静态的，是随着时间的变化，处于一个动态重塑的过程。中国也在深度融入全球价值链的过程中不断经历着调整。在这样的背景下，国内现有研究得出的结论未免显得有失偏颇，嵌入全球价值链对我国服务业的真实影响有待进一步去考证、去完善。2008 年金融危机以后全球经济面临再平衡，全球价值链（GVC）步入深度调整期，在新一轮科技革命的推动下，国际贸易和国际投资的快速发展，各国贸易方式和产业结构都发生了根本性的转变，全球价值链也随之发生了结构性的变化：全球价值链中以欧美发达国家为主导地位的格局正逐步被打破，部分发展中国家开始逐步向全球价值链的两端攀升，逐步占据附加值高的领域。在开放经济环境和创新作用的带动下，世界各国在全球价值链上的已有格局逐步改变，先前的固化的状态不断被打破，一些发展中国家开始进行梯度转移，向价值链的高端攀升逐步成为经济发展的常态（洪银兴，2016）。对于中国来说，目前已成功嵌入到全球生产的“链条”中（Gaulier 等，2007），并已深度融入全球价值链，在这一深化过程中，能否对国内服务业的规模效应和结构优化，以及服务业生产率的提高产生积极的促进作用？中国如何更好地实现从“制造业的全球化”到“服务业的全球化”？这些问题的回答无疑都可以从产品内分工的视角去找寻答案。

1.2.2 现实意义

(1) 服务业是我国当前经济的“短板”，发展服务业是供给侧结构性改革的关键和核心

“三去一降一补”是当前供给侧改革的主要任务，中国经济进入了服务化

后工业社会后，如果抛开服务业发展去谈供给侧改革，无疑有片面性。当前中国经济存在着“总需求向服务业集中，而总供给向制造业倾斜”，要素配置扭曲现象十分突出等问题。一方面，煤炭、建材、钢材、水泥等一些制造业低端产能严重过剩，企业经营困难，大量“僵尸企业”的存在造成了人力、物力资源的严重浪费，亟待做好“减法”。另一方面，中国作为全球制造业大国，虽然目前已经是世界第二大经济体，但服务业依然是我国国民经济中的“短板”，尤其在生产性服务和民生紧密相关的一些社会和公共服务方面“短板”现象十分突出，亟待做好“加法”。尽管2012年我国服务业增加值超过第二产业，成为我国第一大产业，但服务业发展相对滞后的格局仍然存在。无论是从国内还是从国际来看，我国服务业发展仍面临许多突出的问题，中国服务业需尽快补“短板”，补齐服务业“短板”必然成为供给侧结构性改革的关键和核心内容。只有发展现代服务业，才能更好地矫正要素配置扭曲，更好地促进经济增长和产业转型升级。可以说在中国步入工业化的后期，服务业对于中国经济发展的支撑与拉动作用将日益凸显，起着决定性的作用。因此，在这种背景下，如何进一步更好地促进我国服务业的发展就显得尤为重要。

（2）服务成为决定分工体系下各国利益分配的核心要素，发展服务业是全球化大势所趋

全球化进入资源深度整合时代，美国等发达国家掀起了“再工业化”的浪潮，开始纷纷回归制造业。美国实施“先进制造业”战略，鼓励制造业回流，德国推进“工业4.0战略”，英国实施了“高价值制造”战略等，这些都改变着全球价值链的格局。随着中国要素禀赋优势和交易成本要素结构的变化，若进一步发展简单加工制造活动，则不能满足国内产业转型升级的客观要求。因此，发展服务业就成为必然的选择。未来，我国服务业所占经济比重将进一步提高，第三产业和第二产业将共同拉动经济发展和产业结构的转型。在后工业时代的今天，现代服务业发达与否，直接决定了一个经济体在全球分工格局中的竞争力与话语权。我们知道，服务经济在世界经济中的地位日益上升，加快发展服务业将成为经济全球化的大势所趋。而未来中国的对外开放战略必将转向价值链升级战略，必将更加注重服务业的发展，以此才能更好地培育中国向GVC中高端攀升的新竞争优势。

新形势下价值链升级仅通过单一的“微笑曲线”的两端服务环节延伸是远远不够的，价值链应该是纵横交织的全球网络化布局。当前，世界经济格局正深度调整，国际分工体系呈现多元化布局，这是一个难得的机遇。中国

一方面应抓住契机，深度参与全球价值链调整，不断注重价值链两端的研发设计、金融活动、品牌营销、物流服务等高级生产服务要素的积累，这将有助于加快形成向价值链两端不断延伸的新的国际竞争优势；另一方面，在新一轮高水平对外开放下，中国应广泛利用全球资源要素，以“一带一路”倡议为导向，积极构建自我主导、深度融合、互利共赢的国际生产经营网络及区域价值链网络，并对接国内价值链 NVC，建立起新的竞争优势。构建自我为主的价值链，中国将处于 GVC 的龙头位置、成为 GVC 的“链主”或发包方，这种价值链基于国内庞大的市场需求，将主要从事研发、设计、物流、保险、营销、金融、品牌、服务等非实体性的、高端的服务业活动（刘志彪，2016）。

（3）国际分工背景下研究服务业发展，为中国经济增长动力的转换与产业结构的优化提供了现实出路

可以说，中国过去40多年改革开放成功的经验，由于是制造业积极参与全球分工体系，体现了制造业的开放。未来中国若想在开放的格局中进一步获得成功，必将是服务业的开放。在全球价值链背景下研究中国服务业发展状况，研究对中国服务业发展的真实影响，有助于为中国服务业尤其是生产性服务业，在全球分工体系背景下更好地为补齐“短板”找到新的方向，并提供更有力的依据。同时，探讨中国在产品内分工的大背景下，在关键的转型阶段如何实现服务业跨越式升级，对于中国服务业改变现状，助力中国继续以积极的姿态，全方位融入全球生产分工体系，努力向价值链中高端攀升，实现由工业主导向服务业主导的转型，无疑都有非常重要的现实意义与研究价值，这也为中国经济增长动力的转换与产业结构的优化升级提供了一条现实的出路。

1.3 研究主要内容和研究框架

1.3.1 主要内容

本书在梳理已有文献的基础上，构建理论模型，系统研究产品内分工对中国服务业发展的影响。主要的研究内容如下：

第 1 章，导论。本章阐述了问题的提出，以及选题的理论与现实意义，介绍了本书的研究思路和框架内容，指出了可能存在的创新点与存在的不足之处。

第 2 章，相关文献回顾与述评。本章阐述了国内外关于产品内分工的主流理论，梳理了增加值贸易核算方法的演进，并进一步综述了增加值贸易与服务业发展、制造业服务化与全球价值链、产品内分工与服务外包等国内外研究热点，最后对现有文献的研究不足进行了述评。

第 3 章，本章主要分析产品内分工与我国服务业发展概况。力图回答“是什么”的问题。首先对中国参与全球价值链分工程度及地位指数进行了测度，并与世界代表性国家的 GVC 参与度与 GVC 地位指数的变化进行了国际比较，然后从国内和国际两个视角对中国目前服务业发展的现状进行了较为全面的概述。

从第 4 章到第 7 章力图回答“为什么”的问题。第 4 章为理论分析与研究假设，第 5 章到第 7 章为三个实证部分，分别检验参与产品内分工对我国服务业“量”“质”以及与制造业服务化的交互效应。具体内容分配如下：

第 4 章，产品内分工影响服务业发展的理论分析。本章首先阐述了产品内分工的原理、构建了理论分析框架，然后对产品内分工造成不同国家服务业比重不同的机制进行了深入分析，最后分三个方面分析产品内分工对中国服务业发展的影响机制，并提出了研究假设。

第 5 章，产品内分工对中国服务业规模效应与结构优化的影响。本章实证分析了中国参与对产品内分工对我国服务业“量”以及“结构”的影响。首先实证分析了中国制造业参与产品国际分工对整体服务业发展的影响效应，然后进一步检验产品内分工对生产性服务业、消费性服务业以及公共性服务业不同功能服务业的影响，最后检验对生产性服务业内部各细分行业的影响。

第 6 章，参与产品内分工对中国服务业生产率的影响。本章考察参与全球分工体系对中国服务业“质”的影响。发展服务业的重点就是改变以往只依靠增加生产要素的粗放型增长模式，提高服务业的全要素生产率及对经济增长的贡献率。本章在增加贸易框架下考察服务本身嵌入全球价值链对服务业全要素生产率影响，并进一步考察对国内服务业的技术进步与技术效率的影响作用。

第 7 章，全球分工体系下制造业服务化与产业价值链提升的交互效应。参与产品内分工除了对服务业本身有影响之外，还会对“嵌入”或“内化”

在制造业的服务业产生影响，而制造业服务化本身又会对价值链的提升产生作用。本章通过实证检验发现，从制造业整体来看，参与产品内分工促进了制造业服务化水平的提高，但制造业服务化并没有对我国价值链的提升提供有力的支撑；从不同技术类别制造业来看，中低技术制造业部门参与全球分工对制造业服务化的影响不显著，但在高技术制造业部门，制造业服务化与产业价值链提升之间存在着正的交互作用。

第 8 章，结论与政策建议。本章进行了全书总结，并力图回答“怎么办”的问题。提出了服务业发展“新”“旧”两条路径及相关政策建议：“旧”路径为继续深度融入发达国家主导的产品分工体系促进服务业发展；“新”路径为基于内需构建自我主导的价值链体系促进服务业发展。最后提出了研究的局限性和未来的研究方向。

1.3.2 研究框架

本书研究的具体技术路线图如图 1.1 所示。

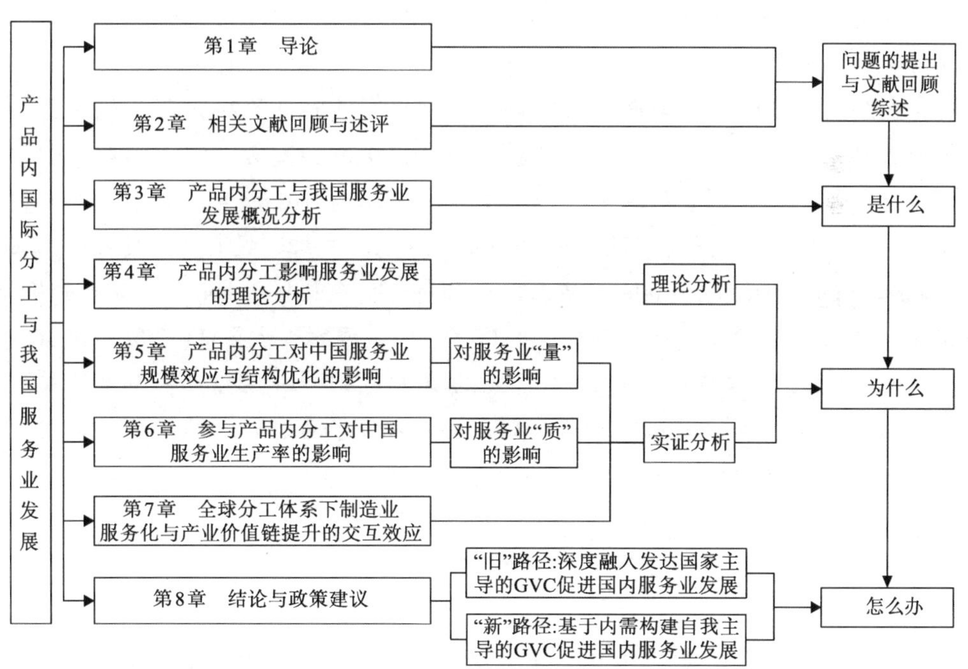

图 1.1 全书的技术线路

1.4 研究方法

本书主要采用国际贸易学、产业经济学、世界经济学及服务经济学理论，结合计量经济学方法，从国家层面、行业层面全面研究产品内分工对服务业发展的影响。本书以定量分析为主，定性分析为辅，测算了中国参与产品内分工程度，并实证检验产品内分工对服务业发展的各种影响。本书主要采用了以下研究方法：

1.4.1 基于投入产出表的矩阵测算方法

投入产出方法直观、方便，能较好地分析制造业部门与服务业部门之间的数量关系，本书利用国内投入产出表和世界投入产出表进行相应测算。

在界定生产性服务业时，利用国家统计局颁布的2002年、2005年、2007年、2010年、2012年5张42部门的全国型投入产出表（延长表）分别进行测算服务行业的中间需求率，并计算了中间需求率的均值，采取均值大于50%的服务行业界定为生产性服务业。同时，测度制造业投入服务化的方法主要也是基于投入产出表来分析，通过计算直接消耗系数和完全消耗系数来衡量制造业的服务化水平。在衡量中国参与产品内分工程度以及国际分工地位时，根据世界投入产出WIOD数据库提供的2000~2014年世界投入产出表（World Input - Output Tables，WIOTs）和NIOT（National Input - Output Tables），测度了我国参与产品内分工的程度，该数据库提供了28个欧盟国家和其他15个主要国家或地区的56个部门的2000~2014年的中间品和最终品的贸易数据，2016年这一数据库的更新，为国内外学者进行全球价值链的进一步深入研究提供了有效的工具与支持。

1.4.2 计量分析方法

在实证研究中，本书应用计量经济学领域的前沿方法进行考察。如考察国际生产分工背景下，制造业参与全球分工体系对国内生产性服务业的影响时，运用动态面板数据，采用系统GMM（System GMM）“两步法”进行估计，较好地克服了弱工具变量的问题；在考察服务业嵌入全球价值链的程度对服务业生产率的影响时，采用了固定效应和随机效应模型进行估计与检验；在检验制造业服务化与行业参与产品内分工程度之间存在着怎样的交互关系时，采用了三阶段最小二乘法对联立方程进行估计，避免了用单方程模型估计往往带来的忽视两者之间的内生关系的问题。作为一种最常见的系统估计方法，三阶段最小二乘法（3SLS）对整个联立方程系统的估计最有效，较好地克服了联立方程组中不同方程随机误差项同期相关的问题以及内生变量的偏差（endogeneity bias）或者联立方程偏差（simultaneity bias）问题。这些现代计量方法都较好地检验了本书提出的理论假说，使得论证更加有说服力。

1.4.3 规范研究与实证研究相结合的研究方法

本书坚持问题为导向，围绕产品内分工这一主要的背景，主要采取规范研究与实证研究相结合的方法，通过两者结合研究，为我国服务业是在全球分工体系背景下更好地补齐“短板”找到一条现实的道路，也为中国继续以积极的姿态融入全球生产分工体系，向价值链中高端迈进，实现中国实现由工业主导向服务业主导的转型等方面提供有力的依据。

1.5 研究的创新及不足之处

1.5.1 研究的创新之处

本书的可能创新之处在于以下几点：

①本书对现有关于中国参与全球生产分工模式“割裂了制造业与生产性服务业的产业关联”“分工模式阻断了国内服务业发展的能力”等观点进行了重新认识与审视。通过研究发现，早期中国通过加工贸易的形式参与全球分工，从事低附加值的加工组装活动，并没有很好地带动国内服务业的发展。但随着分工的不断深化，中国制造业在全球价值链中的作用日益凸显，逐步跨越“低成本”外包国的角色，国际分工地位持续提高。产品内分工对服务业，特别是生产性服务业发展存在先抑制再促进的“U”形非线性影响效应。

②本书通过研究得出，中国参与产品内分工除了对服务业发展的“量”产生促进作用外，还会对服务业的“质”有积极的影响作用。综合起来，本书考察了分工模式对服务业规模效应、结构效应和技术效应等方面的影响，为服务业的全面发展提供了现实依据。

③与以往文献只关注分工模式对服务业自身的影响之外，还考察了分工与“嵌入”或“内化”在制造业中的服务的关系，即制造业服务化与价值链攀升之间的交互效应。研究发现，整体来看参与产品内分工促进了制造业服务化水平的提高，但制造业服务化并没有对我国价值链的提升提供较好的支撑。分技术部门来看，高技术制造部门中，两者之间的交互作用显著为正，但中低技术制造业部门参与全球分工对制造业服务化的影响不显著。

④本书从产品内分工的视角，提出了中国发展服务业可以依赖两条纵横交错的路径：一是“旧的路径”，即深度融入全球价值链。继续以积极的姿态融入现有发达国家为主导的全球分工体系，不断延伸产业链，实现国内服务业升级的主要路径；二是“新的路径”，即以“一带一路”倡议为导向，积极构建自我主导的国际生产经营网络，做价值链的“链主”或发包者，将成熟的制造业产业转移出去，促进国内释放的生产要素向高端产业和附加值更高的新兴产业聚集，为研发、设计、金融、品牌、营销等现代服务业腾出更多的发展空间。

1.5.2 研究的不足之处

①由于服务业数据方面的限制，本书还存在如下局限：研究大都停留在国家层面与行业层面，缺少对服务企业层面的展开的相关研究，随着研究方法的不断改进和微观数据的逐渐普及，我们将在未来的研究中对这些问题进行更为深入地剖析和探讨。

②本书对于构建自我主导的全球分工体系提升服务业发展的作用机理展开了详细的阐述，提出了针对发展中国家和发达国家两种不同布设网络的路径，达到促进服务业发展的目标，但由于这方面的数据相对匮乏，本书对该问题的研究基本还停留在理论的层面，在今后的研究中，需要进一步通过实证分析而不断完善。

第2章

相关文献回顾与述评

2.1　产品内分工的内涵与研究现状

在过去的几十年中，伴随着全球价值链（GVC）分工的不断深化，国家间的分工形式逐渐从产业间分工、产业内分工演变为以工序或环节为主的新型国际分工方式——产品内分工（Intra - product Specialization）。有关产品内分工的研究，早期的学者使用两阶段生产模型或多阶段生产模型来阐述这一现象与原理（Vanek，1963；Melvin，1969；Warne，1971 ；Dixit 和 Grossman，1982），分析了产品的工序或区段在不同国家间如何分配。后来许多学者针对这一原理提出了不同的概念，尽管这些提法略有不同，但其内涵基本一致。Jones 和 Kierzkowski（1990）首次系统地提出了国际生产分割（Fragmented Production）的分析框架，将生产过程分离开并分散到不同区位的生产活动称为生产分割，而当生产区段跨国配置时就相应称之为“国际生产分割”。之后 Krugman（1995）提出的“分割价值链”（Slice Up The Value Chain），Hummels 等（2001）提出“垂直专业化”（Vertical Speciliazhtion），Feenstra 和 Hanson（2001）提出“全球生产共享”（Global Production Sharing）也大都具有相同的含义。Grossman 和 Helpman（2004）提出了“外包”（Outsourcing）的概念，指的是把生产过程的某些“区段”或“环节”转移给外部生产商的活动。Antras 等（2012）提出一种产品生产的某个环节或特定阶段分布在不同的国家和地区进行，形成了一种“全球化的生产过程”（Global Production Processes）。国内学者卢锋（2004）也提出产品内分工的概念，将其内涵表述为产品分为不同的区段、环节和工序，并分散在不同的国家进行，从而形成的跨国生产型的链条，世界上许多国家和地区共同参与的分工体系。

开放环境下，研究全球价值链是学术界研究的热点，学者们不论在理论研究层面还是实证研究层面都取得了较大的进展。梳理现有的文献，研究的重点主要围绕两个研究方向展开。第一类集中于从“增加值贸易”（Trade in Value Added，TiVA）的角度对出口中的增加值进行核算；第二类研究主要测算一国整体及产业在全球价值链分工中的地位或分工位置。

2.1.1　基于“增加值贸易”对出口的增加值进行核算

传统的国际贸易统计方法存在大量重复统计，在很大程度上造成了世界各国贸易平衡状况的失真和各国贸易利得的严重扭曲。与之相比，增加值贸易的核算方法，扣除了中间产品多次经过海关统计所重复计算的部分，更能够真实地反映全球贸易真实情况与贸易不平衡问题，成为一个新兴热点研究领域。

Hummels 等（2001）最早提出垂直专业化指数（Vertical Specialization, VS），用出口产品中进口投入品所占的比例来衡量一国或地区在全球价值链中的参与程度，被认为是增加值贸易核算的雏形，但这一指标假设进口品都来自于国外，忽略了国内直接价值的贡献。后来的学者为此进行了一些扩展与完善。Daudin 等（2011）正式提出了增加值贸易的概念，考虑了再进口的国内增加值部分。Johnson 和 Noguera（2012）提出了增加值出口率（VAX ratio）的概念，并基于 GTAP 数据库，对中美双边贸易增加值进行了测度和分解。Koopman 等基于国家间的投入产出表首次提出了 KWW（2008）和 KPWW（2010、2012）的方法。将一国的出口贸易分解为国外附加值（Foreign Value - added, FV）和国内附加值（Domestic Value - Added, DV），而 DV 又可以分解为直接出口附加值（主要包括进口国进口的最终产品 FDV 以及自己使用不再加工出口的中间产品 INDV 两个部分）、间接出口附加值（进口国经过加工出口到第三国，TDV）和增值折返部分（进口国经过加工又出口回母国，RDV），剔除了“纯粹重复计算”部分。

2013 年由欧盟委员会和多个研究机构合作开发与公布的 WIOD 数据库（World Input - Output Tables , WIOTs,）该数据库中的全球 ICIO 表（Inter - Country Input - Output table）提供了 1995 ~ 2011 连续 17 年 35 个产业部门的时间序列数据，主要包括欧盟 27 个国家和世界 13 个主要经济体之间的中间品和最终品的贸易数据。2016 年，WIOD 又进一步发布的最新版本数据库（2016），该数据库提供了 28 个欧盟国家和其他 15 个主要国家或地区的 56 个部门的 2000 ~ 2014 年的贸易数据。包含的数据还有：World IO Tables（World Input - Output Tables）、International SUTs（International Supply and Use Tables）、International SUTs（International Supply and Use Tables）、NIOT（National Input - Output Tables）和 Input for SUTs（Input files for National SUTs）等。这一数据库建立与更新为全球价值链的进一步深入研究提供了有效的工具与支持。

Koopman 等（2014）和 WWZ（2014）对贸易增加值进一步分解，将一国总出口具体分解为国内增加值部分、价值折返部分和国外增加值和重复统计部分等 16 个组成部分，实现了出口贸易的完全分解，更能真实地测度一国和地区参与全球价值链的程度（见表 2.1）。

表 2.1　　增加值贸易核算方法及说明

核算方法	方法说明
HIY 方法（2001）	Hummels 等最早提出了垂直专业化率（VS）的概念，是指一国出口中国外价值的比例，VS 可以用来测度一国或行业参与全球价值链的程度。用来表示一国出口中所包含的进口中间产品的价值，即本国出口的产品中来自国外的增加值。 $VS=\frac{1}{X_k}\mu A^m\ [I-A^D]^{-1}X^V$ HIY 方法有两个基本假设，一是假设最终产品无论是用于国内消费还是用于出口，其使用的进口中间品的比例相同；二是假设所有进口中间产品都是百分之百由国外增加值构成。 该方法的缺陷是第一个假设忽略了加工贸易出口中所需的国外投入品比重高于一般贸易的情况；第二个假设在包含本国附加值经过国外加工折返回本国的进口中间品时不再成立。 Hummels 等还提出了前向垂直专业化指标（VS1），测算的一国生产的出口品中，被其他国家作为中间投入用于出口的部分
Law rence J. Lau 等（2007）	提出了核定出口商品中所包含的完全国内增加值和完全进口额的计算方法，并且证明了出口总值等于出口所带来的完全国内增加值和完全进口额（进口品中的国外价值 VS）之和。同时还以加工贸易特点为基础，构建了非竞争型投入产出模型，测算并分析了中美两国的出口分别对各国国内增加值与就业的影响。 主要缺陷是仅构建了中美两国的非竞争型投入占用产出模型，无法反映中国与除美国之外的其他经济体之间的投入产出关系
Daudin 等（2011）	在 GTAP 数据库基础上，对 VS 和 VS1 指数进行了计算，并对 VS1 指数进一步细化。进一步修正了 HIY 方法的假设的缺陷，在测算过程中包括了通过国外加工返还的国内增加值部分
JN 方法（2012）	Johnson 和 Noguera（2012）结合投入产出和双边贸易数据，进一步推进 HIY 方法，较好地克服了这两个关键假设，提出了增加值出口（Value - Added Export，VAX）的概念，将在一国生产而在国外被最终吸收的来自该国创造的增加值定义为增加值出口。并提出了“VS”的替代指标，即增加值出口率（Value - Added Export ratio，VAX ratio）指数。 JN 方法的缺陷是没有考虑一国中间产品出口所包含的增加值，也没有考虑中间产品进出口贸易中被重复计算的增加值

续表

核算方法	方法说明
KPWW（2010. 2012）方法	为了衡量一国在全球价值链所处的位置（上游或下游）和参与全球价值链的程度，Koopman 等（2010，简称 KPWW）将一国对世界的总出口分解为 5 大组成部分。进一步构建了 GVC 中的分工地位与参与程度的指标。 KPWW（2010）给出了全球价值链地位指标衡量国际生产分工地位，但仍存在两个缺陷：一是未考虑返回国内的增加值（RDV），虽然这部分增加值作为重复计算部分不构成该产业的增加值出口，但是在考虑全球价值链地位时，这部分增加值实际上跨越两次国境，也参与了全球价值链的生产；二是在考察他国为本国出口所提供的中间品包含的外国增加值时，KPWW（2010）直接以本国总出口中蕴含的外国增加值（FV）来衡量产业参与后向一体化的程度，殊不知在 FV 中也包含有重复计算部分（即 FDC），FDC 的上升只能说明全球价值链的深化，对于解释产业在全球价值链的位置没有太大的帮助，剔除本国出口蕴含外国增加值的重复计算部分
KWW（2014）方法	Koopman、Wang 和 Wei（2014）利用国家间投入产出表将一国总出口分解成 4 个大类 9 个部分。4 个大类为国内增加值部分（DV，包括最终产品出口、中间产品出口及中间品出口至第三国部分）；国内出口后又折返回本国的部分（RDV，包括中间品进口、最终产品进口）、国外增加值部分（FV，包括国外最终产品出口、国外中间品出口）和重复计算部分（DC，包括国内中间品重复计算、国外中间品重复计算）。 KWW（2014）克服了 HIY 和 JN 方法的缺陷，将 HIY 的垂直专业化测算方法和 JN 的增加值贸易测算方法纳入到一个统一的分析框架之中，将一国的总值出口根据其增加值的最终流向进行了比 HIY 和 JN 方法更为细致的分解。但 KWW 分解法只能运用于一国的加总贸易，并不适合用于双边或者各行业的贸易增加值分解
WWZ（2014）方法	WWZ 扩展了 KWW 分解法，进一步把一国总出口根据贸易品的价值来源、最终吸收地和吸收渠道的不同分解成 16 个部分，得到了双边行业层面的贸易流量的完全分解（#表示分块矩阵点乘）。 $E^{sr} = A^{sr}X^{r} + Y^{sr} = (V^{s}B^{ss})T \times Y^{sr} + (V^{s}L^{ss})T \times (A^{sr}B^{rr}Y^{rr}) + (V^{s}L^{ss})^{T} \times (A^{sr}B^{rt}Y^{tt}) + (V^{s}L^{ss})^{T} \times (A^{sr}B^{rr}Y^{rt}) + (V^{s}L^{ss})^{T} \times (A^{sr}B^{rt}Y^{tr}) + (V^{s}L^{ss})^{T} \times (A^{sr}B^{rr}Y^{rs}) + (V^{s}L^{ss})^{T} \times (A^{sr}B^{rt}Y^{ts}) + (V^{s}L^{ss})T \times (A^{sr}B^{rs}Y^{ss}) + (V^{s}L^{ss})^{T} \times [A^{sr}B^{rs}(Y^{sr} + Y^{st})] + (V^{s}B^{ss} - V^{s}L^{ss})^{T} \times (A^{sr}X^{r}) + (V^{r}B^{rs})^{T} \times Y^{sr} + (V^{r}B^{rs})^{T} \times (A^{sr}L^{rr}Y^{rr}) + (V^{r}B^{rs})^{T} \times (A^{sr}L^{rr}E^{r}) + (V^{t}B^{ts})^{T} \times Y^{sr} + (V^{t}B^{ts})^{T} \times (A^{sr}L^{rr}Y^{rr}) + (V^{t}B^{ts})^{T} \times (A^{sr}L^{rr}E^{r})$ 总体来看，s 国各部门对 r 国的出口分解可以概括为四大类：（1）最终被国外吸收的国内增加值（DVA），其中包括最终产品出口的部分的国内增加值（DVA－FIN）、进口国直接吸收的中间品出口部分国内增加值（DVA－INT）、进口国生产并出口到第三国所吸收的中间品出口部分国内增加值（DVA－INTrex）；（2）国内增加值折返（RDV）；（3）生产本国出口的国外增加值（FVA），其中包括直接被进口国吸收的国外增加值（MVA－FIN 、MVA－INT）出口被第三国吸收的国外增加值（OVA－FIN 、OVA－INT）；（4）纯重复计算部分（PDC），为来自国内账户部分（DDC）与来自国外账户部分（FDC）之和

续表

核算方法	方法说明
王直、魏尚进和祝坤福（2015）总贸易核算法	王直等（2015）认为增加值出口率（VAX ratio）存在定义上的严重缺陷，由于部门增加值出口可能大于出口总值，从而 VAX ratio 会大于 1，无法被定义于 0 和 1 之间，不能准确反映全球价值链上国际分工的一些重要特征，据此基于产业部门后向联系，提出了对 VAX ratio 重新进行定义的方法，s 国到 r 国增加值出口的计算公式为： $VAX\_B^{sr} = (V^sB^{ss})T \times Y^{sr} + (V^sL^{ss})T \times (A^{sr}B^{rr}Y^{rr}) + (V^sL^{ss})T \times (A^{sr}B^{rt}Y^{tr}) + (V^sL^{ss})^T \times (A^{st}B^{tr}Y^{rr}) + (V^sL^{ss})^T \times (A^{st}B^{tt}Y^{tr})$

2.1.2 测算一国及产业的 GVC 分工地位或分工位置

衡量国际分工地位的指标主要有几方面：一是基于增加值的角度。Koopman 等（2012）构建了两种描述 GVC 的指标——“全球价值链参与度”（GVC - Participation）和“全球价值链地位”（GVC - Position）。随后一些学者借鉴该方法展开了一些列的研究（王岚，2014；周升起等，2014；刘琳，2015；尚涛，2015）。二是采用出口技术复杂度（Lall，2000；Hausmann 等，2007；邱斌等 2012）。三是基于出口产品价格（Fontagn 等，2007；施炳展，2010；胡昭玲和宋佳，2013）衡量一国或产业的国际分工地位；四是采用兼顾进口与出口两方面的净贸易指数（NET）作为产业国际分工地位的评价指标（Amighini，2004；唐铁球，2015）。一些经济学家还通过构建下游度（Downsteamness）和上游度（Upstreamness）指标来测度一国或某一产业在全球价值链分工中的生产位置（Fally，2011；Antràs 和 Chor，2012；Antràs 等，2013；Tang 等，2014：王金亮，2014；苏庆义和高凌云，2015）。国内学者周华等（2016）认为 Antràs 和 Chor（2012）提出的产业上游度和贸易上游度是等间距的，即相邻的生产阶段的距离为 1。该指标在现实应用中是存在缺陷的，并对其进行了改进，构建了非等间距的上游度测度方法来衡量不同产业和不同国家在全球价值链中的位置，还进一步验证了该方法的优越性。针对这两类研究热点，现有文献针对制造业层面（程大中，2015）以及高技术产业（唐海燕、张会清，2009；郭晶、赵越，2012；汤碧，2012；黄先海、杨高举，2010；尹伟华，2016）在全球价值链中的地位进行了大量的相关研究，可谓汗牛充栋。

2.2 增加值贸易与服务业视角

全球价值链背景下，服务作为中间产品投入生产过程，物化在商品中实现了可贸易性，这在传统服务贸易统计中往往被忽略，随着增加值贸易框架的不断完善，越来越多的学者也开始从贸易增加值的视角研究服务业问题，概括起来主要有三个研究热点。

2.2.1 分解服务出口贸易中的国内增加值与国外增加值部分

Rainer Lanz 和 Andreas Maurer（2015）认为，服务以不同的方式出现在产品的生产周期中，既可以作为商品生产的中间投入，还可以作为全球分工的产出。相比货物，国际服务碎片化不明显。发达国家服务业出口中，80%以上是国内服务业增加值，只有10%是进口的服务增值，金融保险业以及交通和电信业出口中的国外增值最高。金融保险以及商业服务业的直接增值出口的大幅上升表明这些服务业可贸易性提高，在国际分散化生产中具有越来越重要的作用。

裴长洪等（2014）基于WWZ（2013）的贸易增加值分解方法，采用跨国面板数据，对负面清单影响服务业全球价值链的作用机制进行了实证检验。研究发现，负面清单管理模式不仅提高了大国的最终服务出口中所包含的外国增加值的比重，还提高了中间服务出口相应的部分。程大中和程卓（2015）采用ICIO表和TiVA相关数据，基于增加值贸易的算法，测算了服务含量在中国出口贸易中的比重。并将测算结果与传统BOP统计口径方法结果相比，发现前者是后者的两倍，其中来自国外的服务含量占比趋于上升，来自国内的服务含量占比趋于下降；同时还论证了中国服务业国际竞争力不强，需要以促进竞争为导向深化国内服务领域改革，促进GVC环节从低端向高端演进。

戴翔（2016）基于WIOD数据库，采用KPWW方法，利用1995～2011年中国相关数据，从制造业细分层面、要素密集度分类两个层面进行了测算。研究认为，中国制造业出口中所包含的服务业增加值在逐年提高，且不同的要素密集度部门存在明显的部门异质性。还发现制造业出口中来自国内的服务投入增加值比重不断被弱化，而来自国外的服务投入增加值部分不断上升，这种动态变化趋势在知识技术密集型制造业部门最为明显，资本密集型部门次之，劳动密集型部门表现最不明显。

2.2.2 基于“贸易增加值”评估服务业真实的国际竞争力

在 GVC 背景下，大量服务业嵌入商品生产中进行间接出口，通过物化在商品中实现了可贸易。Grubel（1987）认为，服务贸易除了本身跨境流动外，主要渠道是包含服务价值在内的商品跨境流动。在传统的总值核算框架下，由于存在着大量重复计算，“嵌入”或“内化”在商品中间接服务的出口往往被忽略，这在一定程度上容易导致服务贸易的作用被低估，难以反映一国服务业真实的国际竞争力。随着增加值贸易的发展，许多学者开始综合考虑物化在商品贸易中的服务，从贸易增加值的视角重新审视一国服务业的国际竞争力，展开了相应的研究。

戴翔（2015）分别利用传统总值核算法和增加值贸易算法对 1995 年至 2011 年中国服务业的 RCA 指数进行了测算。通过对两者的比较发现，在传统总值算法下，中国服务业的 RCA 指数在所有要素密集分组部门均存在被高估的现象。从增加值贸易的视角看，中国服务业并不具备显著的比较优势。相反，在资本和知识密集型部门，还存在着非常明显的比较劣势。

郭晶和刘菲菲（2015）也通过增加值贸易体系重新测算，认为传统的 IMS 和 RCA 指标对中国服务业直接出口的国际竞争力存在高估的情形，对中国服务业的整体国际竞争力却存在着低估的现象。此外，中国服务业在国际竞争中还存在着非常明显的比较劣势。

姜延书和郭江平（2015）的研究发现，我国服务增加值贸易在传统服务行业上具有较强的竞争力，但总体竞争力仍然较弱，我国服务增加值的 GVC 参与度较低，GVC 分工地位处于中等水平。

尹伟华（2015）基于 GVC 视角，对 1995～2011 年中美两国服务业的国际竞争力进行了较为全面的测算与分析。他认为采用出口增加值测算的 NRCA 指数更加准确，有利于纠正服务业国际竞争高估或低估的情况。通过研究发现中国服务业整体上具有持续性的比较劣势，而美国则表现出持续性的比较优势，但两国的差距在不断缩小。

刘艳等（2016）同样利用增加值算法测算了 1995～2011 年中国各服务业

的显示性比较优势指数，通过与传统贸易算法比较得出我国大部分服务行业仍具有一定比较劣势的结论，认为传统贸易核算法，对劳动密集型服务业的国际竞争力存在高估的情形，但对部分资本和技术密集型服务业的国际竞争力存在低估的现象。

2.2.3 量化服务业全球价值链中的国际分工地位与参与度

王厚双等（2015）基于TIVA统计数据库，采用Koopman（2010）提出的“GVC－Participation”和“GVC－Position”指标，对2009年服务贸易排在世界前6位的国家与“金砖四国”服务业的整体和细分行业的“GVC－Participation”和“GVC－Position”指标进行测算，并与中国这一指标进行了对比分析。

李惠娟、蔡伟宏（2016）通过研究表明，中国服务业国际分工的地位较低，特别是住宿餐饮业、公共管理和社会组织业、租赁与商务业，都处于GVC分工体系的下游环节。中国服务业的国内价值增值、国外价值增值的明显偏高导致中国服务业国际分工地位难以提升。

柴静玉（2016）基于增加值贸易，利用OECD－WTO联合发布的TiVA统计数据，计算了中国服务业的GVC位置指标和GVC参与度指标，认为虽然中国服务业的竞争力在不断增长，国际分工地位在不断提升，但中国外贸粗放型的增长方式并没有得到根本转变，与发达国家相比，竞争力还相对薄弱。

乔小勇等（2017）认为，中国服务业参与GVC的参与度较高，但在GVC处于中下游位置，在中国服务业细分行业中，具有显性比较优势的主要集中于传统服务业层面。

2.3 生产性服务业与全球价值链视角

20世纪中叶之后，全球经济和产业发展出现了一种新的现象——“服务经济”（The Service Economy，Fuchs，1968）不断兴起与发展。服务业在发达国家中所占比重逐渐上升，特别是生产性服务业（Producer Services）的发展及其在经济发展中所起到的作用尤为引人注目。由此，一些学者便开始关注生产性服务业在GVC中的作用机制以及分工对中国服务的阻碍作用等问题。

2.3.1 生产性服务业对全球价值链升级作用机理的探讨

生产性服务业又称生产者服务业，最早是由 Machlup（1962）提出的，指“面向生产者而非面向最终消费者提供产品和劳务的活动”，是一种知识密集型产业。Greenfield（1966）将生产性服务业视为中间性投入，这一观点得到一些学者的认同（Noyelle 和 Staback，1984；Coffey 和 Bailly，1991），他们认为生产性服务业在生产过程中扮演的是中间需求的角色。Gruble 和 Walker（1989）也认为生产性服务是指被其他商品和服务的生产者用作中间投入的服务，并且在中间投入过程中使用了大量人力资本和知识资本。之后许多学者也纷纷从产业属性的特点对生产性服务业进行了补充（Browning 和 Singleman，1975；Howells 和 Green，1988；Daniels，1993；Beyers 和 Lindahl，1996；Coffey，2000），指出生产性服务业具有中间投入性的特点，是一种具有专业性的知识密集型行业。

生产性服务业的不断发展和中间产品的快速增长（Feenstra 和 Hanson，1997；Jones 和 Kierzkonski，2001；Grossman 和 Helpman，2004）以及技术创新带来的成本的降低，都促进了垂直专业化分工和全球生产网络的形成。Rainer Lanz 和 Andreas Maurer（2015）分析了服务在全球价值链中的作用，还特别分析了服务生产的国际分割，服务价值链或服务网络，指出服务作为中间投入或“促成因素”，不仅融入价值链制造业生产，还融入服务生产分割网络，在制造生产中的作用越来越重要。

国内学者也大都认为，中国要向价值链中高端攀升，必须重视生产性服务业这种高级的生产要素（刘志彪，2008；江静、刘志彪；2009），通过积极嵌入 GVC，形成先进生产性服务业与制造业良好的互动，有助于中国制造业的全面转型升级（崔鑫，2009；路艳红，2009；王家宝、陈继祥，2010；张益丰、孙治宇，2011），推动制造业价值链攀升（罗聪，2014）。简晓彬和陈伟博（2016）还从生产服务业的细分行业进行分析，认为批发、零售业和房地产等传统服务业对制造业 GVC 攀升具有明显推动作用，但信息服务、科技服务等知识技术密集型服务业的促进效应并不显著。

2.3.2 国际分工模式对中国生产性服务业阻碍作用探讨

国内现有研究一般认为，发展中国家国际代工很容易被发达国家“俘获”，并长期锁定在 GVC 的低端难以摆脱，从而难以向产业高端升级（Young，1991；Humphrey 和 Schmitz，2002；Schmitz，2004；Gereffi，2009），江静和刘志彪（2010）通过研究得出，世界工厂的定位使中国生产性服务业缺乏有效市场的需求从而发展滞后。刘志彪（2011）认为中国国际代工为主的模式，在很大程度上阻碍了“长三角”地区对生产性服务业的需求。除了收入的影响因素之外，中国长期深度参与全球分工体系是造成我国经济发达或参与价值链程度较高的地区服务业比重偏低的主要原因，“制造业全球化、服务业本地化”是普遍认为造成服务业比重偏低的主要原因。

曹慧平和于津平（2011）认为，加工贸易的模式对生产性服务业的发展不利，长期以来加工贸易的发展使得国内的生产要素不断向制造业转移，而对生产性服务业产生了挤出效应。刘书瀚等（2011）指出，以低廉的劳动力比较优势嵌入 GVC 底部、不断引进外资、进口高端产品以及出口低端产品是我国出口导向型经济的基本特征。这种模式使得中国一直以来被压制在加工制造环节，再加上大量进口国外先进机器设备、外资在服务领域的垄断，这些都抑制了中国生产性服务业的发展，导致了国内生产性服务业的不断萎缩。肖文和樊文静（2011）、段国蕊和方慧（2012）都认为中国高度依赖加工贸易的模式，割裂和阻断了制造业与生产性服务业的产业关联与需求，因此，参与 GVC 分工只带来制造业的发展繁荣，对服务业的发展并未产生积极的刺激作用。谭洪波和郑江淮（2012）分析认为，中国生产性服务业 TFP 增长率对整个服务业 TFP 增长率贡献偏低，主要原因一方面在于中国的生产性服务业并没有真正完全融入全球分工体系（LO 等，2009）。另一方面，由于国内生产性服务业市场受到了来自发达国家生产性服务业的不断排挤。

2.4 产品内分工与服务外包的视角

除了服务业增加值的研究，服务外包是全球价值链背景下服务业发展的另一个研究的热点问题。世界经济进入以服务为主导的全球价值链时代，服务外包已日益成为经济全球化的重要载体（Amiti 和 Wei，2005a），成为各国参与世界分工与协作、优化资源配置的重要方式。

外包（Outsourcing）指的是把生产过程的某些“区段”或“环节”转移给外部生产商的活动，可以分为制造业外包（Manufacturing Outsourcing）和服务外包（Service Outsourcing），两者有本质不同（江小涓，2008）。卢锋（2007）则区分了“在岸外包”（Onshore Outsourcing）与“离岸外包”（Offshore Outsourcing）的不同。服务外包的离岸化正成为当代经济全球化的新趋势，离岸外包的发展又促进了国际生产过程的“碎片化”（Kohler 和 Wilhelm，2004；Gereffi 和 Fernandez - Stark，2010）。

早期的研究更多地关注服务外包的成因及影响因素，国外学者大都从发包方，国内学者从接包方展开大量的研究（Auber 和 Rivard，2004；Grossman 和 Helpman，2004；Kshetri，2007；卢锋，2007；刘绍坚，2008；吕延方、赵进文，2010；霍景东、黄群慧，2012），分别得出了不尽相同的结论。近些年来，国内外学者对服务外包的研究更多地集中于以下几个领域：

2.4.1　关注服务外包对 TFP 与就业的影响

Girma 和 Görg（2003）基于英国 1980 ~ 1992 年的数据实证研究表明，企业的服务外包强度与其劳动生产率和全要素生产率增长呈正相关。后来一些学者也纷纷利用不同国家的数据进行研究都得出了相似的结论（Mann，2004；Kasahara 和 Rodrigue，2004；Amiti 和 Wei，2005；Criscuolo 和 Leaver，2005；Yasar 和 Morrison Paul，2007；Falk 和 Wolfmayr，2008；Winkler，2010；原毅军、刘浩，2009），即服务离岸外包能促进其国内全要素生产率的增长。Amiti 和 Wei（2009）进一步采用 1992 ~ 2000 年美国制造业面板数据研究发现，服务离岸外包对生产率存在着显著的正向作用，其中服务离岸外包对劳动生产率增长的贡献占 10% 左右，而物质外包对劳动生产率增长的影响相对较小，约占 5%。姚星等（2015）基于世界投入产出表数据库和 2005 ~ 2010 年服务业行业面板数据研究发现，离岸发包与在岸接包对中国服务业的 TFP 存在显著负向作用，而在岸发包与离岸接包对服务业 TFP 存在显著的正向影响。

另外，关注服务外包对劳动力市场的就业效应也是国内外学者研究的热点领域（Feenstra 和 Hanson，1999；Egger 和 Egger，2005；Crinò，2007、2007b、2009、2010；徐毅、张二震，2008；蔡宏波、陈昊，2012；魏浩、黄皓骥，2012；郭沛、李亚成，2016；张志明，2016；陈启斐等，2016）。

2.4.2　关注服务外包对技术创新的影响

Alcacer 和 Oxley（2014）认为，服务外包是提升本企业的创新能力的重要途径之一。国内学者则主要基于接包方的视角，分别从国家、产业和企业层面研究接包对技术创新的影响。

原毅军和刘浩（2007）研究认为，服务外包活动频繁的地区制造业的技术创新效率较高，且外包后形成的知识密集型的生产性服务业，对技术创新效率的作用最大。

任志成和张二震（2012）认为，承接国际服务外包，可以获得技术溢出，从而提高企业的创新能力。崔萍和可斌（2013）研究了服务外包与区域技术创新的互动关系，认为前者会加速后者能力的提升，后者的提升也会带来前者的发展，且后者对前者的影响作用更显著。王永贵等（2015）开发出服务外包中企业创新能力的多维测量模型。并借助知识转移理论，从服务承包方和发包方两个不同视角探讨并论证了承包方创新能力的提升机制。

除了这几方面的研究外，还有些从“逆向外包”（Reverse Outsourcing）或“反向外包”的角度展开了大量的理论和实证研究（Priya Sen，2005；江小涓，2008；孟雪，2011、2012；张月友、刘丹鹭，2013；沈春苗，2016）。

2.5 现有文献简要述评

通过以上文献回顾，可知学术界在产品内分工与服务业发展方面进行了较为广泛的研究，但归纳已有文献，发现仍存在一些不足：

第一，现有研究大都认为中国融入全球生产网络抑制了国内生产性服务业的发展，认为中国这种高度依赖加工贸易的模式，割裂了制造业与生产性服务业的产业关联和内在需求，只带来了制造业的发展繁荣，对服务业的发展并未产生积极的刺激作用，中国的生产者服务业没有像制造业那样融入全球化分工体系是造成国内服务业尤其是生产性服务业滞后的原因。然而价值链并不是静态的，而是随着时间的变化，处于一个动态重塑的过程。中国也在深度融入全球价值链的过程中不断经历着调整。在这样的背景下，嵌入全球价值链对我国服务业的真实影响究竟如何？随着中国分工程度的不断深化，是否还存在另一种促进国内服务业发展作用机制？两种不同的效应共同作用，服务业的发展呈现出一种先抑制后促进的非线性作用关系？这些都有待进一步去考证、去完善。

第二，既有研究大多只侧重研究了生产性服务业或制造业服务化与全球价值链攀升之间的单向因果关系，如只关注服务业或生产性服务业对全球价值链升级的作用机理探讨，鲜有将两者结合起来研究双向作用机制。在全球分工格局下，制造业服务化与产业价值链提升之间是否存在一种交互关系？双向作用的影响机制是怎样的？这仍是国内研究的空白。通过这种交互关系可以明确，中国目前制造业在价值链的跃升过程中是否得到了国内现代生产性服务业的有效支撑，而在这一跃升过程中是否又能带来服务业的相应发展？

第三，在全球价值链背景下，服务业的发展有两个明显的趋势：一是服务外包的快速发展，二是物化在商品生产中的服务实现了间接出口，增强了可贸易性。现有的文献对服务外包，尤其服务离岸外包展开了大量的研究也得出了许多有研究价值的理论；针对后者的研究还不够充分，我国服务业在增加值贸易背景下真实的参与度和地位如何？服务业真实嵌入全球价值链对服务业的全要素生产率影响又如何？这些都是国内文献研究的不足之处。

第四，现有的文献对 GVC 下服务业发展的研究集中针对嵌入发达国家主宰的 GVC 如何突围，向“微笑曲线”的两端延伸，或在此基础上考虑模块化的升级路径，但在新的开放形势下，价值链升级仅通过单一的“微笑曲线”的两端延伸是远远不够的，价值链应该是纵横交织的全球网络化布局。服务业的发展不能仅限于嵌入欧美主导的全球价值链，中国迎来资本净输出时代，资本输出已进入“全球化轨道”，沿着“一带一路”进行资源的全球配置，建立起中国企业为主导的全球价值链或生产经营网络，也可以为国内服务业的发展提供新的路径，这在以往文献中是极少提及的。

第3章

产品内分工与中国服务业发展概况分析

本章力图回答“是什么”的问题，分别对我国当前参与产品内分工的状态与服务业发展的现状进行描述。首先对中国参与全球价值链分工程度及地位指数进行测度，并与世界代表性国家的 GVC 参与度与 GVC 地位指数的变化进行国际比较，运用 WIOD 最新发布的数据较好地刻画中国在全球分工体系中的地位与参与程度，然后从国内和国际两个视角对中国目前服务业发展的现状进行了较为全面的概述。最后在分析现状的基础上，提出两者之间是否存在内在的关联，从而引出本书研究的焦点和核心问题。

3.1 中国参与全球价值链分工程度及地位指数测度及比较——基于 WIOD 数据库 2000 ~ 2014 年世界投入产出表分析

3.1.1 指标的构建与数据来源

（1）总出口的价值增值来源分解

本书依据 Koopman 等（2008、2010、2014，简称 KPWW）对一国出口的分解方法，借助国家间投入产出表（Inter - Country Input - Output，ICIO）的相关数据来测度并构建中国服务业 GVC 参与度和地位指标。

根据世界投入产出表，现假设世界上存在 G 个经济体，令 $s,r=1,2,\cdots,G$，并且每个经济体含有 N 个产业部门 $i,j=1,2,\cdots,N$（如表 3.1 所示）。每个行业的产品既可以作为中间投入品，也可以作为最终产品，且产品均可以被本国和国外使用。

表 3.1　国家间的投入产出表（ICIO）

<table>
<tr><td colspan="3" rowspan="3"></td><td colspan="4">中间使用</td><td colspan="4">最终使用</td><td rowspan="3">总产出</td></tr>
<tr><td>国家 1</td><td>国家 2</td><td>…</td><td>国家 G</td><td rowspan="2">国家 1</td><td rowspan="2">国家 2</td><td rowspan="2">…</td><td rowspan="2">国家 G</td></tr>
<tr><td>1，…，N</td><td>1，…，N</td><td>1，…，N</td><td>1，…，N</td></tr>
<tr><td rowspan="4">中间投入</td><td>国家 1</td><td>1，…，N</td><td>Z_{11}</td><td>Z_{12}</td><td>…</td><td>Z_{1G}</td><td>Y_{11}</td><td>Y_{12}</td><td>…</td><td>Y_{1G}</td><td>X_1</td></tr>
<tr><td>国家 2</td><td>1，…，N</td><td>Z_{21}</td><td>Z_{22}</td><td>…</td><td>Z_{2G}</td><td>Y_{21}</td><td>Y_{22}</td><td>…</td><td>Y_{2G}</td><td>X_2</td></tr>
<tr><td>…</td><td>…</td><td>…</td><td>…</td><td>…</td><td>…</td><td>…</td><td>…</td><td>…</td><td>…</td><td>…</td></tr>
<tr><td>国家 G</td><td>1，…，N</td><td>Z_{G1}</td><td>Z_{G2}</td><td>…</td><td>Z_{GG}</td><td>Y_{G1}</td><td>Y_{G2}</td><td>…</td><td>Y_{GG}</td><td>X_G</td></tr>
</table>

续表

<table>
<tr><td rowspan="3"></td><td colspan="4">中间使用</td><td colspan="4">最终使用</td><td rowspan="3">总产出</td></tr>
<tr><td>国家 1</td><td>国家 2</td><td>…</td><td>国家 G</td><td rowspan="2">国家 1</td><td rowspan="2">国家 2</td><td rowspan="2">…</td><td rowspan="2">国家 G</td></tr>
<tr><td>1,…,N</td><td>1,…,N</td><td>1,…,N</td><td>1,…,N</td></tr>
<tr><td>增加值</td><td>V_1</td><td>V_2</td><td>…</td><td>V_G</td><td colspan="5" rowspan="2"></td></tr>
<tr><td>总投入</td><td>X_1</td><td>X_2</td><td>…</td><td>X_G</td></tr>
</table>

表 3.1 中，Z_{sr}表示 s 国生产的被 r 国使用的中间投入产品，是 $N\times N$ 阶矩阵；Y_{sr}是 $N\times 1$ 阶矩阵，表示 r 国生产的最终产品出口到 s 国，被 s 国消耗的最终需求向量；V_s 和 V_r 表示 s 国和 r 国的增加值收入，为 $1\times N$ 阶矩阵；X_r 和 X_s 是 $N\times 1$ 阶矩阵，分别表示 r 国和 s 国的总产出向量。$X_s=\sum_r^G X_{sr}$，X_{sr}表示由 s 国生产的被 r 国消耗的总产出。

在市场出清条件下，总产出等于总需求，即，

$$X_r = A_{rr}X_r + A_{rs}X_s + Y_{rr} + Y_{rs} \qquad (r,s=1,2,\cdots,G) \tag{3.1}$$

其中，A_{rs}是 $GN\times GN$ 阶直接消耗系数矩阵，表示 r 国每增加一单位总产出所需要消耗的 s 国的中间投入品量；A_{rr}表示 r 国每增加一单位总产出所需要消耗的本国的中间投入品量。

将式（3.1）重新整理，可以写为矩阵形式：

$$\begin{bmatrix} X_1 \\ X_2 \\ \vdots \\ X_G \end{bmatrix} = \begin{bmatrix} A_{11} & A_{12} & \cdots & A_{1G} \\ A_{21} & A_{22} & \cdots & A_{2G} \\ \vdots & \vdots & \ddots & \vdots \\ A_{G1} & A_{G2} & \cdots & A_{GG} \end{bmatrix} \begin{bmatrix} X_1 \\ X_2 \\ \vdots \\ X_G \end{bmatrix} + \begin{bmatrix} \sum_r^G Y_{1r} \\ \sum_r^G Y_{2r} \\ \vdots \\ \sum_r^G Y_{Gr} \end{bmatrix} \tag{3.2}$$

$$\begin{bmatrix} X_1 \\ X_2 \\ \vdots \\ X_G \end{bmatrix} = \begin{bmatrix} I-A_{11} & -A_{12} & \cdots & -A_{1G} \\ -A_{21} & I-A_{22} & \cdots & -A_{2G} \\ \vdots & \vdots & \ddots & \vdots \\ -A_{G1} & -A_{G2} & \cdots & I-A_{GG} \end{bmatrix}^{-1} \begin{bmatrix} \sum_r^G Y_{1r} \\ \sum_r^G Y_{2r} \\ \vdots \\ \sum_r^G Y_{Gr} \end{bmatrix} = \begin{bmatrix} B_{11} & B_{12} & \cdots & B_{1G} \\ B_{21} & B_{22} & \cdots & B_{2G} \\ \vdots & \vdots & \ddots & \vdots \\ B_{G1} & B_{G2} & \cdots & B_{GG} \end{bmatrix} \begin{bmatrix} Y_1 \\ Y_2 \\ \vdots \\ Y_G \end{bmatrix} \tag{3.3}$$

$$\begin{bmatrix} X_{11} & X_{12} & \cdots & X_{1G} \\ X_{21} & X_{22} & \cdots & X_{2G} \\ \vdots & \vdots & \ddots & \vdots \\ X_{G1} & X_{G2} & \cdots & X_{GG} \end{bmatrix} = \begin{bmatrix} B_{11} & B_{12} & \cdots & B_{1G} \\ B_{21} & B_{22} & \cdots & B_{2G} \\ \vdots & \vdots & \ddots & \vdots \\ B_{G1} & B_{G2} & \cdots & B_{GG} \end{bmatrix} \begin{bmatrix} Y_{11} & Y_{12} & \cdots & Y_{1G} \\ Y_{21} & Y_{22} & \cdots & Y_{2G} \\ \vdots & \vdots & \ddots & \vdots \\ Y_{G1} & Y_{G2} & \cdots & Y_{GG} \end{bmatrix} \tag{3.4}$$

式（3.4）中，B_{sr} 是 $GN \times GN$ 阶里昂惕夫逆矩阵（Leontief inverse matrix），假设逆矩阵存在，且矩阵满秩，则有 $B_{sr} = (I - A_{sr})^{-1}$。

定义直接附加值系数矩阵 V（增加值/总产出），以 V_i 为对角元素可定义 G 个国家 $GN \times GN$ 阶的总增加值系数矩阵：

$$V = \begin{bmatrix} V_1 & 0 & \cdots & 0 \\ 0 & V_2 & \cdots & 0 \\ \vdots & \vdots & \ddots & \vdots \\ 0 & 0 & \cdots & V_G \end{bmatrix} \tag{3.5}$$

其中，增加值率满足如下约束，u 是元素为1的行向量：

$$V_i = u(I - \sum\nolimits_j A_{ji}) \tag{3.6}$$

定义 E_{sr} 为 $N \times N$ 阶矩阵，其对角元素是 s 国各产业的总出口，则 G 个国家 N 个产业部门 $GN \times GN$ 阶的出口系数矩阵为：

$$E = \begin{bmatrix} E_1 & 0 & \cdots & 0 \\ 0 & E_2 & \cdots & 0 \\ \vdots & \vdots & \ddots & \vdots \\ 0 & 0 & \cdots & E_G \end{bmatrix} \tag{3.7}$$

将附加值系数矩阵 V 与里昂惕夫逆矩阵 B 相乘，得到总增加值乘子（multiplier）矩阵 VB，表示一单位产出所包含的直接和间接的增加值的总和：

$$VB = \begin{bmatrix} V_1B_{11} & V_1B_{12} & \cdots & V_1B_{1G} \\ V_2B_{21} & V_2B_{22} & \cdots & V_2B_{2G} \\ \vdots & \vdots & \ddots & \vdots \\ V_GB_{G1} & V_GB_{G2} & \cdots & V_GB_{GG} \end{bmatrix} \tag{3.8}$$

将矩阵 V、矩阵 B 以及矩阵 E 相乘，便得到了 $GN \times GN$ 阶的 VBE 矩阵，为出口的价值增值分解：

$$VBE = \begin{bmatrix} V_1 \sum_r^G B_{1r}E_{r1} & V_1 \sum_r^G B_{1r}E_{r2} & \cdots & V_1 \sum_r^G B_{1r}E_{rG} \\ V_2 \sum_r^G B_{2r}E_{r1} & V_2 \sum_r^G B_{2r}E_{r2} & \cdots & V_2 \sum_r^G B_{2r}E_{rG} \\ \vdots & \vdots & \ddots & \vdots \\ V_G \sum_r^G B_{Gr}E_{r1} & V_G \sum_r^G B_{Gr}E_{r2} & \cdots & V_G \sum_r^G B_{Gr}E_{rG} \end{bmatrix} \tag{3.9}$$

VBE 矩阵对角线上的元素表示 r 国出口中的国内附加值（Domestic Value - added，DV）：

$$DV_r = V_r B_{rr} E_{r*} \tag{3.10}$$

VBE 矩阵各列非对角线上的元素加总表示 r 国出口中包含的国外价值增值（Foreign Value - added，FV）：

$$FV_r = \sum_{s \neq r} V_s B_{sr} E_{r*} \tag{3.11}$$

VBE 矩阵各行非对角线上的元素加总表示 r 国出口到 s 国经后者加工再出口给 t 国而实现的间接附加值出口（Indirect Value - added，IV）：

$$IV_r = \sum_{s \neq t} V_r B_{rs} E_{st} \tag{3.12}$$

从 GVC 的视角来看，一国出口总值可以分解为国内增加值部分与国外增加值部分，表示为：

$$E_{r*} = DV_r + FV_r \tag{3.13}$$

一国的出口由最终品出口和中间品出口组成，根据进口国的使用目的，中间产品的出口可以进一步分解为被进口国直接使用不再加工出口的产品、被进口国加工出口到第三国的产品以及被进口国加工又出口返回本国的产品三个部分，可以表示为：

$$E_{rs} = Y_{rs} + A_{rs}X_s = \underbrace{Y_{rs}}_{(1)} + \underbrace{A_{rs}X_{ss}}_{(2)} + \underbrace{\sum_{t \neq r,s} A_{rs}X_{st}}_{(3)} + \underbrace{A_{rs}X_{st}}_{(4)} \tag{3.14}$$

式（3.14）中，(1) 为 r 国出口到 s 国的最终产品；(2) 为被 s 国直接吸收的中间产品；(3) 为被 s 国加工出口到第三国的中间品；(4) 为被 s 国加工出口并返回到 r 国的中间品。

将式（3.13）与式（3.14）结合起来，最终可将一国的总出口分解为 5 个部分：

$$\begin{aligned} E_{r*} &= DV_r + FV_r \\ &= \underbrace{V_r B_{rr} \sum_{s \neq r} Y_{rs}}_{(1)} + \underbrace{V_r B_{rr} \sum_{s \neq r} A_{rs} X_{ss}}_{(2)} + \underbrace{V_r B_{rr} \sum_{s \neq r} \sum_{t \neq r,s} A_{rs} X_{st}}_{(3)} + \underbrace{V_r B_{rr} \sum_{s \neq r} A_{rs} X_{sr}}_{(4)} + \underbrace{FV}_{(5)} \end{aligned} \tag{3.15}$$

其中，等式右边第（1）项表示直接被进口国（s 国）吸收的包含在最终产品和服务出口的 r 国的国内价值增值（用 FDV 表示）；第（2）项表示进口国（s 国）直接使用的中间品出口中所包含的 r 国国内增加值（用 INDV 表示）；第（3）项表示 r 国的间接附加值出口（用 TDV 表示）；第（4）项表示被 s 国加工出口并返回到 r 国的中间品价值部分（用 RDV 表示）；第（5）项表示各行业总出口中所包含的国外增加值 FV 部分。

（2）指标的构建

基于以上对一国（产业）总出口增加值的分解，Koopman 等（2010）构建了参与全球价值链的指标：GVC 的参与度指数和 GVC 的地位指数。

GVC 的参与度指数的公式为：

$$GVC\_Participation_{ir} = \frac{IV_{ir}}{E_{ir}} + \frac{FV_{ir}}{E_{ir}} \tag{3.16}$$

其中，IV_{ir}表示 r 国 i 产业的间接附加值出口，衡量的是有多少价值增值被包含在 r 国 i 产业的中间产品出口经进口国加工出口到第三国；

FV_{ir}表示 r 国 i 产业出口包含的国外增加值部分；

E_{ir}表示 r 国 i 产业的总出口。

Koopman 还按照参与方式的差异，将全球价值链参与度分为 GVC 前向参与度$\left(\frac{IV_{ir}}{E_{ir}}\right)$与 GVC 后向参与度$\left(\frac{FV_{ir}}{E_{ir}}\right)$。

前向参与度衡量的是 r 国通过向其他国家提供中间品加工再出口到第三国的程度，该指数越高，表明 r 国在全球价值链越处于"上游"环节，因此，前向参与又可称为高端嵌入；后向参与度是指一国通过进口中间品参与全球价值链的分工程度，衡量该国某产业出口中包含的"国外附加值"的比重，该指数越高，表明 r 国在全球价值链越处于"下游"环节。

GVC 的地位指数的公式为：

$$GVC\_Position_{ir} = \ln\left(1 + \frac{IV_{ir}}{E_{ir}}\right) - \ln\left(1 + \frac{FV_{ir}}{E_{ir}}\right) \tag{3.17}$$

该指标反映了一国（产业）在全球价值链的分工地位。若该指数越大，表明一国（产业）在 GVC 体系中的分工地位就越高；反之，表明一国（产业）在 GVC 分工中的地位就越低。

（3）数据说明

本书采用世界投入产出 WIOD 数据库所提供的 WIOTs 表（World Input－Output Tables）。WIOD 数据库在 2013 年公布的全球 ICIO 表提供了 1995～

2011 年 41 个国家和地区（其中包括欧盟 27 个国家和世界 13 个主要经济体）、35 个行业部门的中间品和最终品的贸易数据。2016 年，WIOD 数据库又进一步发布的最新版本（WIOD，2016），WIOTs 涵盖 28 个欧盟国家和其他 15 个主要国家或地区①以及“世界其他主要经济体（ROW）”的 56 个部门的 2000 ~ 2014 年间的全球 ICIO 表，56 个部门是根据国际标准产业分类修订版（ISIC Rev. 4）划分的。本书使用 2016 年最新发布的一系列数据进行测度。其中 WIOD 制造业行业代码 r5 ~ r23 为制造业部门，服务业行业代码为 r28 ~ r55。

3.1.2 测算结果与分析

（1）世界代表性国家的 GVC 参与度与 GVC 地位指数的变化及比较

本书选取 2016 年世界经济总量排名前 10 的国家：美国、中国、日本、德国、法国、英国、巴西、印度、俄罗斯、意大利作为研究对象进行测算。对每个国家整体的 GVC 参与度指数与 GVC 地位指数测算结果如表 3.2 和表 3.3 所示。

表 3.2　2000 ~ 2014 年世界 10 国 GVC 参与度指数及比较　单位：%

年份	美国	中国	日本	德国	法国	英国	巴西	印度	俄罗斯	意大利
2000	0.39	0.33	0.34	0.42	0.42	0.40	0.32	0.32	0.48	0.38
2001	0.38	0.32	0.34	0.41	0.41	0.41	0.32	0.32	0.46	0.38
2002	0.38	0.34	0.34	0.40	0.41	0.40	0.32	0.33	0.47	0.37
2003	0.38	0.36	0.35	0.41	0.41	0.40	0.33	0.34	0.49	0.38
2004	0.40	0.39	0.37	0.42	0.43	0.41	0.33	0.37	0.51	0.40
2005	0.41	0.39	0.38	0.44	0.44	0.42	0.34	0.38	0.54	0.41
2006	0.41	0.39	0.41	0.45	0.46	0.43	0.35	0.40	0.56	0.43
2007	0.41	0.39	0.42	0.46	0.46	0.44	0.36	0.40	0.55	0.44

① WIOD 2016 数据库包括的 43 个主要的经济体为：欧盟地区（现有 28 个国家）：奥地利（AUT）、比利时（BEL）、保加利亚（BGR）、塞浦路斯（CYP）、捷克（CZE）、德国（DEU）、丹麦（DEN）、西班牙（ESP）、爱沙尼亚（EST）、芬兰（FIN）、法国（FRA）、英国（GBR）、希腊（GRC）、匈牙利（HUN）、爱尔兰（IRL）、意大利（ITA）、立陶宛（LTU）、卢森堡（LUX）、拉脱维亚（LVA）、马耳他（MLT）、荷兰（NLD）、波兰（POL）、葡萄牙（PRT）、罗马尼亚（ROU）、斯洛伐克（SVK）、斯洛文尼亚（SVN）、瑞典（ROU）、克罗地亚（HRV）；欧洲地区其他国家和地区（但不属于欧盟）：瑞士（CHE）、挪威（NOR）；北美地区：美国（USA）、加拿大（CAN）、墨西哥（MEX）；东亚地区：中国（CHN）、日本（JPN）、韩国（KOR）、中国台湾（TWN）；BRIIAT 国家：巴西（BRA）、俄罗斯（RUS）、印度尼西亚（IDN）、印度（IND）、澳大利亚（AUS）和土耳其（TUR）。

续表

年份	美国	中国	日本	德国	法国	英国	巴西	印度	俄罗斯	意大利
2008	0.42	0.38	0.43	0.46	0.47	0.46	0.37	0.41	0.57	0.44
2009	0.38	0.33	0.39	0.44	0.44	0.43	0.33	0.37	0.51	0.41
2010	0.40	0.37	0.41	0.47	0.48	0.46	0.36	0.39	0.56	0.46
2011	0.42	0.38	0.44	0.49	0.50	0.48	0.38	0.38	0.59	0.49
2012	0.41	0.36	0.43	0.49	0.50	0.48	0.37	0.38	0.60	0.49
2013	0.42	0.36	0.45	0.48	0.50	0.45	0.37	0.39	0.56	0.48
2014	0.42	0.35	0.45	0.48	0.49	0.46	0.37	0.38	0.54	0.47
均值	0.40	0.36	0.40	0.45	0.45	0.43	0.35	0.37	0.53	0.43

资料来源：根据 WIOD 数据库 2016 年发布的数据测算。

表 3.2 列出了世界 10 个代表性国家 GVC 参与度，从 2000 ~ 2014 年的均值来看，GVC 参与度的排名依次为：俄罗斯（0.532）、法国（0.454）、德国（0.448）、英国（0.434）、意大利（0.428）、美国（0.402）、日本（0.397）、印度（0.370）、中国（0.362）和巴西（0.348）。可以看出，各国的 GVC 参与度与世界经济总量排名不存在必然的联系，俄罗斯的经济总量排在第 9 位，但其 GVC 参与度最高，均高于其他发达国家。在金砖国家中，巴西的 GVC 参与度最低，中国的 GVC 参与度次之，但低于印度和俄罗斯。

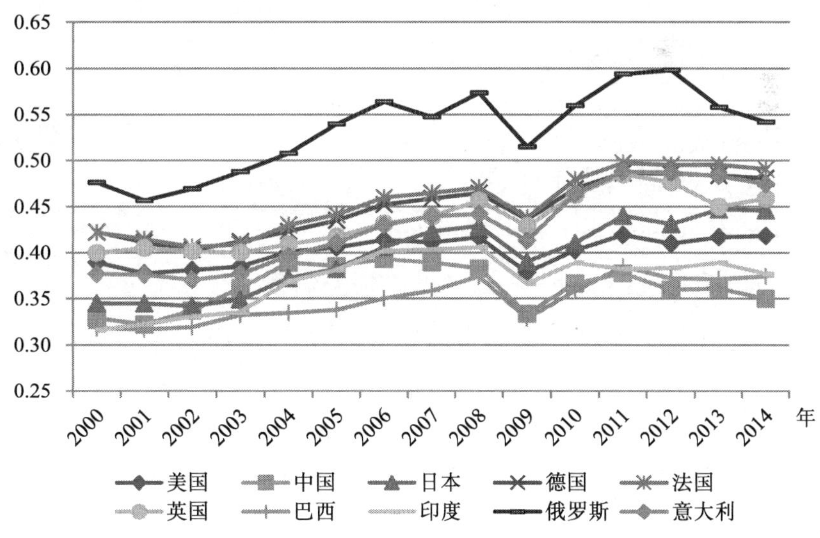

图 3.1　世界 10 国 GVC 参与度指数变化及比较

资料来源：根据 WIOD 数据库 2016 年发布的数据测算绘制。

图 3.1 是 2000 ~ 2014 年世界 10 国的参与度变化趋势及比较图。可以看

出，世界各国参与全球价值链的程度大都经历了一个先上升后下降，再上升的“N”形的趋势，在2008年金融危机前后，GVC的参与度都受到一定程度的影响，但之后各国的GVC参与度逐渐呈现快速发展的上升趋势。近些年来，在发达经济体中，法国的GVC参与度最高，德国和意大利次之，美国最低。在新兴经济体中，俄罗斯的GVC参与度最高，中国最低。

表3.3　世界10国GVC地位指数变化及比较　单位:%

年份	美国	中国	日本	德国	法国	英国	巴西	印度	俄罗斯	意大利
2000	0.17	0.01	0.14	0.00	-0.02	0.05	0.08	0.05	0.24	0.01
2001	0.18	0.01	0.12	0.00	-0.02	0.05	0.05	0.05	0.23	0.01
2002	0.18	0.00	0.12	0.02	-0.02	0.06	0.05	0.04	0.24	0.02
2003	0.18	-0.03	0.12	0.02	-0.01	0.06	0.05	0.05	0.25	0.03
2004	0.18	-0.05	0.12	0.02	-0.01	0.07	0.06	0.05	0.30	0.03
2005	0.17	-0.05	0.10	0.01	-0.03	0.07	0.07	0.04	0.32	0.02
2006	0.16	-0.05	0.09	0.00	-0.03	0.07	0.09	0.01	0.34	0.00
2007	0.16	-0.05	0.08	-0.01	-0.02	0.08	0.09	0.03	0.34	0.01
2008	0.15	-0.03	0.05	-0.02	-0.03	0.07	0.09	0.02	0.35	0.00
2009	0.16	-0.01	0.09	-0.01	-0.02	0.05	0.10	0.01	0.33	0.00
2010	0.16	-0.01	0.08	-0.02	-0.02	0.05	0.12	0.01	0.36	-0.03
2011	0.15	0.00	0.06	-0.04	-0.03	0.04	0.14	0.00	0.38	-0.03
2012	0.14	0.01	0.06	-0.04	-0.04	0.04	0.12	-0.02	0.38	-0.02
2013	0.15	0.01	0.03	-0.03	-0.03	0.06	0.10	-0.02	0.34	-0.02
2014	0.15	0.03	-0.01	-0.02	-0.03	0.08	0.11	-0.02	0.32	-0.02
均值	0.16	-0.01	0.08	-0.01	-0.02	0.06	0.09	0.02	0.31	0.00

资料来源：根据WIOD数据库2016年发布的数据测算。

表3.3列出了世界10个代表性国家GVC地位指数，从2000~2014年的均值来看，GVC的地位指数的排名依次为：俄罗斯（0.313）、美国（0.162）、巴西（0.088）、日本（0.083）、英国（0.059）、印度（0.195）、意大利（0.006）、德国（-0.008）、中国（-0.012）和法国（-0.023）。可以看出，在世界前10大经济体中，俄罗斯的GVC地位指数最高，美国次之，法国最低。其他金砖国家中：巴西的国际分工地位也较高，排在第3位，这与GVC参与度指数得出的结论相似，即贸易的规模与贸易的利得不一定成正比，经济发达程度与一国或地区在全球价值链中的地位也没有必然关系；

国际分工地位高的国家，表明这些国家大都处于全球价值链的上游，主要向世界其他国家提供中间产品和原材料。另外，从均值看，印度的国际分工地位指数高于德国、法国和意大利。中国的经济总量排世界第2位，但其国际分工地位指数较低，不仅低于一些主要发达国家，还低于巴西和俄罗斯等新兴经济体，这与中国长期以来以加工贸易出口为主导的模式有关。

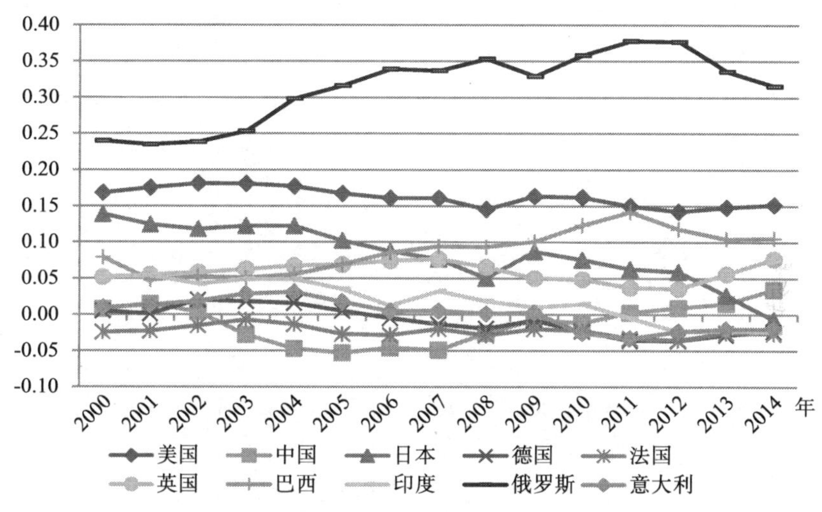

图3－2　世界10国GVC地位指数变化及比较

资料来源：根据WIOD数据库2016年发布的数据测算绘制。

图3－2是2000～2014年世界10国的国际分工地位指数变化趋势以及与其他国家的比较。可以看出，俄罗斯的国际分工地位指数总体呈现出先上升后下降，再上升再下降的“M”形变化特征，但GVC地位指数依旧最高；美国的GVC地位指数在15年间基本保持稳定的变化趋势；日本的国际分工地位总体表现出不断下降的变化趋势。虽然金融危机之后分工地位指数有小幅的上升，但2009年之后国际分工地位开始持续下降；巴西的国际分工地位指数呈现出先上升后下降的倒“V”形变化特征，英国的国际分工地位则是先缓慢上升，后下降再上升的“N”形发展轨迹。与其他发达国家相比，中国的国际分工地位指数经历了一个先下降再上升“V”形变化过程。尤其是2008年金融危机之后，中国的国际分工地位逐步赶超日本、德国、法国和意大利等发达国家的分工地位，并且呈现出不断上升的发展态势，这表明随着国际分工程度的不断深化，我国在全球价值链中的地位在逐年上升。

（2）中国制造业和服务业GVC参与度和GVC地位指数变化及比较

经过测算，由表 3.4 可以发现，从平均值来看，2000 ~ 2014 年的 15 年，中国制造业层面的 GVC 参与度为 0.3111，GVC 分工地位指数为 -0.0934；中国服务业层面的 GVC 参与度为 0.4718，GVC 分工地位指数为 0.2194；中国整体层面的 GVC 参与度为 0.3624，GVC 分工地位指数为 -0.0120，总体表明我国制造业和服务业在全球价值链中的分工地位仍比较低，制造业大都处于下游环节从事低附加值的加工组装业务，研发、设计、营销等高附加值的生产服务环节基本被发达国家所占据，我国服务业竞争力还不够强。但服务业的地位指数高于制造业的地位指数，这是因为在增加值贸易下，测算综合考虑了服务业的直接出口以及“物化”在制造业中的简介出口部分，更加准确地反映出一国服务业真实的地位指数。

表 3.4　2000 ~ 2014 年中国 GVC 参与度与 GVC 地位指数变化　单位：%

年份	制造业整体		服务业整体		中国整体	
	GVC 参与度	GVC 地位指数	GVC 参与度	GVC 地位指数	GVC 参与度	GVC 地位指数
2000	0.2822	-0.0685	0.4021	0.1681	0.3288	0.0079
2001	0.2759	-0.0618	0.3929	0.1719	0.3219	0.0149
2002	0.2932	-0.0763	0.4036	0.1739	0.3369	0.0036
2003	0.3205	-0.1057	0.4424	0.1861	0.3615	-0.0279
2004	0.3450	-0.1245	0.4798	0.1938	0.3888	-0.0470
2005	0.3385	-0.1307	0.4974	0.2090	0.3855	-0.0526
2006	0.3420	-0.1243	0.5191	0.2204	0.3928	-0.0459
2007	0.3402	-0.1267	0.5064	0.2081	0.3893	-0.0489
2008	0.3297	-0.1080	0.4832	0.2092	0.3826	-0.0258
2009	0.2862	-0.0845	0.4285	0.2090	0.3335	-0.0072
2010	0.3156	-0.0935	0.4743	0.2307	0.3663	-0.0117
2011	0.3199	-0.0850	0.4929	0.2453	0.3776	0.0025
2012	0.3017	-0.0783	0.4818	0.2543	0.3595	0.0093
2013	0.2972	-0.0746	0.5262	0.2915	0.3611	0.0148
2014	0.2781	-0.0578	0.5466	0.3191	0.3498	0.0345
均值	0.3111	-0.0934	0.4718	0.2194	0.3624	-0.0120

资料来源：根据 WIOD 数据库 2016 年发布的数据测算。

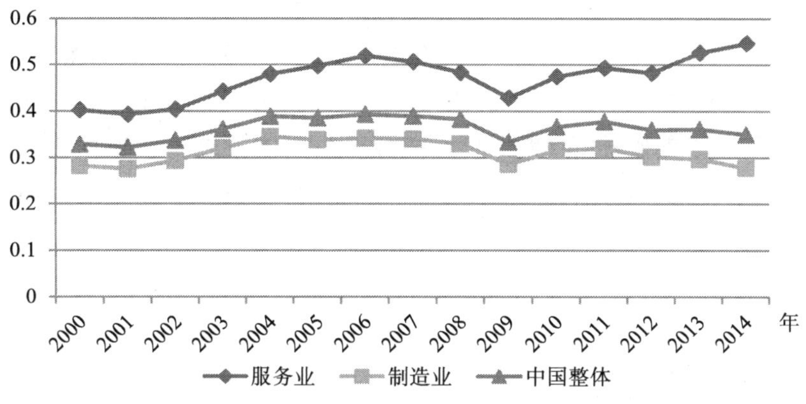

图3.3　GVC参与度指数比较

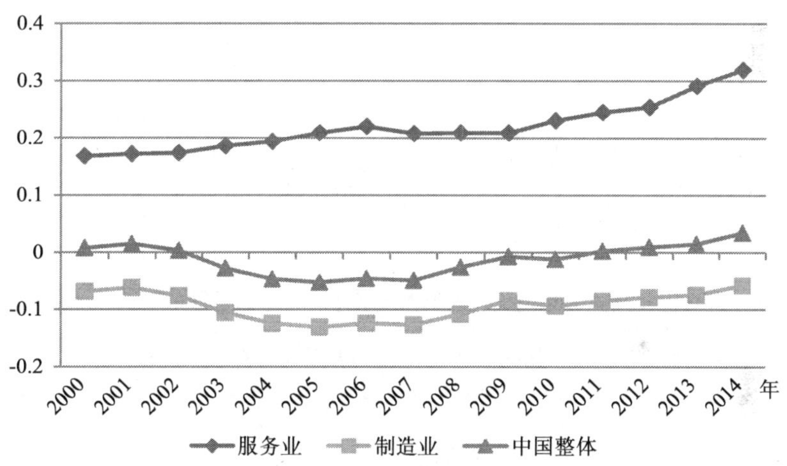

图3.4　GVC地位指数比较

资料来源：根据WIOD数据库2016年发布的数据测算绘制。

从图3.3和图3.4可以看出，制造业的分工地位呈先下降再上升的“V”形趋势发展，我国整体层面的GVC分工地位指数与制造业的变化趋势基本一致，服务业参与国际分工地位指数总体呈上升变化趋势。而从参与率看，2000～2005年制造业与服务业的参与度提升较快是因为这个时期中国主要实行出口导向型的经济发展战略，大量承接了来自发达国家和“亚洲四小龙”的产业转移，从事加工贸易，通过大量进口中间产品进行加工组装再出口，制造业的参与度不断提升，也带动了服务业的相应发展。这一阶段持续至2007年，之后全球经济面临再平衡，全球价值链步入深度调整期，中国一般贸易比重不断上升，而加工贸易的比重却在不断下降，再加上中国劳动力成本的不断上升，发达国家的产业一部分转移至劳动力更为低廉的东南亚国家，制造业和服务业参与程度也相应下降。从 2010 年起，制造业和服务业的参与都有所回升，这是因为我国提出了加工贸易的转型升级。我国加工贸易占比的下降正是 GVC 深度调整、贸易结构不断优化的结果。也表明了中国正积极地参与全球价值链的生产，GVC 地位不断上升。

表 3.5　2000～2014 年中国 GVC 前向、后向参与度（IV/E、FV/E）变化及比较

单位：%

年份	制造业整体			服务业整体			中国整体		
	IV/E	FV/E	DV/E	IV/E	FV/E	DV/E	IV/E	FV/E	DV/E
2000	0.1020	0.1802	0.8002	0.3018	0.1004	0.8894	0.1690	0.1598	0.8229
2001	0.1028	0.1731	0.8075	0.2990	0.0939	0.8963	0.1696	0.1523	0.8308
2002	0.1029	0.1903	0.7876	0.3060	0.0976	0.8919	0.1705	0.1664	0.8145
2003	0.0989	0.2215	0.7514	0.3345	0.1078	0.8799	0.1642	0.1972	0.7788
2004	0.0996	0.2454	0.7239	0.3597	0.1202	0.8656	0.1663	0.2224	0.7499
2005	0.0929	0.2456	0.7237	0.3787	0.1186	0.8674	0.1614	0.2241	0.7480
2006	0.0983	0.2437	0.7261	0.3978	0.1213	0.8645	0.1689	0.2239	0.7485
2007	0.0961	0.2442	0.7234	0.3831	0.1233	0.8616	0.1654	0.2239	0.7465
2008	0.1020	0.2277	0.7408	0.3710	0.1122	0.8739	0.1759	0.2067	0.7650
2009	0.0948	0.1914	0.7836	0.3407	0.0878	0.9022	0.1626	0.1710	0.8070
2010	0.1037	0.2119	0.7636	0.3792	0.0951	0.8950	0.1762	0.1901	0.7881
2011	0.1107	0.2093	0.7683	0.3986	0.0943	0.8964	0.1903	0.1873	0.7927
2012	0.1058	0.1959	0.7827	0.3979	0.0839	0.9076	0.1853	0.1743	0.8068
2013	0.1058	0.1914	0.7881	0.4459	0.0803	0.9120	0.1893	0.1719	0.8098
2014	0.1062	0.1719	0.8064	0.4747	0.0718	0.9207	0.1952	0.1547	0.8261
均值	0.1015	0.2096	0.7651	0.3712	0.1006	0.8883	0.1740	0.1884	0.7890

资料来源：根据 WIOD 数据库 2016 年发布的数据测算。

从表 3.5 中的平均值来看，2000～2014 年的 15 年，中国制造业层面的前向 GVC 参与度为 0.1015，后向参与度为 0.2096，国内增加值占出口的比例为 0.7651；服务业层面的前向 GVC 参与度为 0.3712，后向参与度为 0.1006，国内增加值占出口的比例为 0. 8883；整体层面的前向 GVC 参与度为 0. 1740，后向参与度为 0. 1884，国内增加值占出口的比例为 0. 7890。制造业的后向参与度比服务业的前向参与度要高，而服务业的前向参与度要高于制造业的前向参与度。

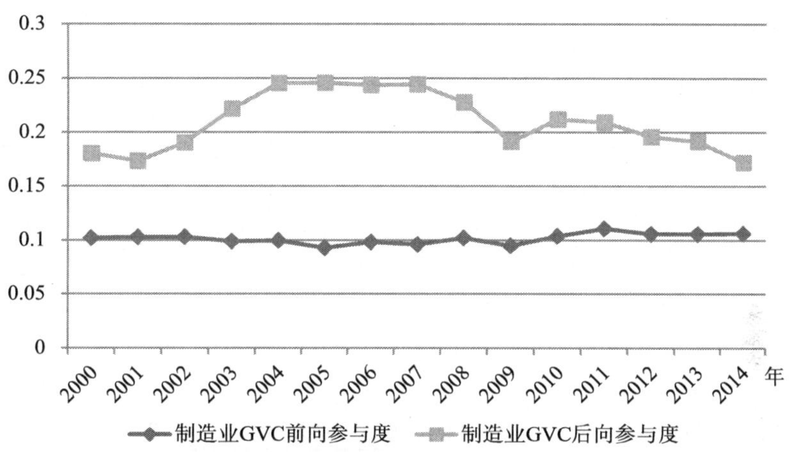

图 3.5 中国制造业 GVC 前向参与度与后向参与度变化及比较

资料来源：根据 WIOD 数据库 2016 年发布的数据测算绘制。

图 3. 5 列出了 2000 ~ 2014 年，中国制造业 GVC 前向度（IV/E）和后向参与度（FV/E）的测算结果，从变化趋势来看，中国制造业的后向参与度呈现先上升后下降，再上升再下降的“M”形趋势。即中国出口的国外增加值率近些年来呈现下降的趋势，表明随着产品内分工程度的加深，中国制造业对进口中间产品的依赖程度有所下降。同时，从图 3. 5 可以看出，而制造业 GVC 前向参与度也呈缓慢上升发展态势，表明中国出口中包含在中间产品中直接被进口国用来生产产品并出口到第三国的中国国内增加值比例有所提高，这些都表明我国制造业在全球价值链中的作用日益凸显，中国制造业在 GVC 中的地位不断上升。

（3）中国制造业分行业 GVC 参与度和 GVC 地位指数变化

本书又进一步分析中国制造业各细分行业的 GVC 参与度和 GVC 地位指数变化，在 WIOD 数据库中 r5 ~ r23 行业表示制造业。由于中国的机械和设备的修理和安装（r23）行业的数据为 0，因此选定 r5 ~ r23 的制造行业作为研究对象。各细分制造业的 GVC 参与度与 GVC 地位指数测算如表 3. 6 所示。

表 3.6　　中国制造业内部各细分行业 GVC 参与度变化　　单位：%

行业＼年份	2000	2001	2002	2003	2004	2005	2006	2007	2008	2009	2010	2011	2012	2013	2014	均值
r5	0.13	0.12	0.13	0.15	0.17	0.18	0.19	0.20	0.22	0.19	0.21	0.23	0.24	0.23	0.23	0.19
r6	0.20	0.20	0.21	0.22	0.23	0.21	0.21	0.19	0.18	0.15	0.17	0.17	0.16	0.15	0.14	0.19
r7	0.31	0.30	0.29	0.31	0.34	0.35	0.37	0.39	0.38	0.36	0.37	0.39	0.37	0.38	0.38	0.35
r8	0.49	0.51	0.55	0.62	0.75	0.78	0.93	1.06	0.92	0.74	0.64	0.56	0.48	0.45	0.43	0.66
r9	0.50	0.52	0.57	0.59	0.67	0.66	0.73	0.79	0.85	0.78	0.77	0.76	0.75	0.69	0.66	0.69
r10	0.42	0.38	0.38	0.41	0.51	0.62	0.78	0.87	0.75	0.71	0.72	0.62	0.58	0.55	0.52	0.59
r11	0.46	0.43	0.44	0.47	0.49	0.49	0.49	0.48	0.47	0.45	0.47	0.48	0.46	0.44	0.41	0.46
r12	0.18	0.17	0.18	0.20	0.21	0.21	0.21	0.21	0.19	0.16	0.17	0.18	0.17	0.17	0.16	0.18
r13	0.32	0.33	0.35	0.37	0.40	0.39	0.39	0.38	0.37	0.34	0.37	0.38	0.35	0.34	0.33	0.36
r14	0.37	0.32	0.29	0.30	0.33	0.34	0.35	0.35	0.35	0.31	0.32	0.35	0.31	0.30	0.28	0.32
r15	0.42	0.46	0.48	0.50	0.50	0.54	0.53	0.54	0.53	0.53	0.54	0.55	0.51	0.49	0.45	0.50
r16	0.27	0.26	0.26	0.28	0.30	0.30	0.31	0.31	0.30	0.28	0.30	0.31	0.30	0.30	0.27	0.29
r17	0.36	0.36	0.38	0.42	0.43	0.42	0.43	0.44	0.41	0.36	0.38	0.38	0.36	0.36	0.33	0.39
r18	0.25	0.23	0.25	0.27	0.29	0.29	0.29	0.29	0.28	0.25	0.28	0.29	0.27	0.27	0.24	0.27
r19	0.28	0.27	0.26	0.29	0.30	0.30	0.30	0.29	0.28	0.25	0.27	0.29	0.27	0.27	0.25	0.28
r20	0.40	0.40	0.43	0.40	0.37	0.34	0.34	0.34	0.32	0.30	0.32	0.31	0.29	0.29	0.28	0.34
r21	0.22	0.22	0.24	0.25	0.27	0.27	0.26	0.27	0.25	0.21	0.22	0.23	0.22	0.22	0.21	0.24
r22	0.15	0.14	0.14	0.15	0.15	0.16	0.17	0.17	0.16	0.14	0.16	0.17	0.15	0.16	0.15	0.16

资料来源：根据 WIOD 数据库 2016 年发布的数据测算。

表 3.6 列出了 2000～2014 年中国制造业各部门的 GVC 参与度指数。从行业的均值看，在 18 个制造业细分部门中，记录媒介物的印制及复制（r9）的 GVC 参与度最高，为 0.69；纸和纸制品制造行业（r8）的 GVC 参与度次之，为 0.66；焦炭和精炼石油产品制造行业（r10）的 GVC 参与度为 0.59；基本金属制造行业的 GVC 参与度（r15）为 0.50；化学品及化学制品制造行业的 GVC 参与度（r11 ）为 0.46；计算机、电子和光学产品制造行业（r17）的 GVC 参与度为 0.39；橡胶和塑料制品制造行业（r13）的 GVC 参与度为 0.36；木材、木材制品和软木制品、草编制品及编织材料物品制造行业（r7）的 GVC 参与度为 0.35；汽车、挂车和半挂车制造行业（r20）的 GVC 参与度为 0.34；其他非金属矿物制品制造行业（r14）的 GVC 参与度为 0.32；金属制品的制造（r16）的 GVC 参与度为 0.29；未另分类的机械和设备制造业（r19）的 GVC 参与度为 0.28；电力设备制造业（r18）的 GVC 参与度为

0.27；其他运输设备的制造业（r21）的 GVC 参与度为 0.24；食品、饮料与烟草制品制造行业（r5）的 GVC 参与度为 0.19；纺织品、服装与皮革和相关产品制造行业（r6）的 GVC 参与度为 0.19；药品、药用化学品及植物药材制造行业的 GVC 参与度（r12）为 0.18；家具制造以及其他制造业（r22）参与度最低，为 0.16。

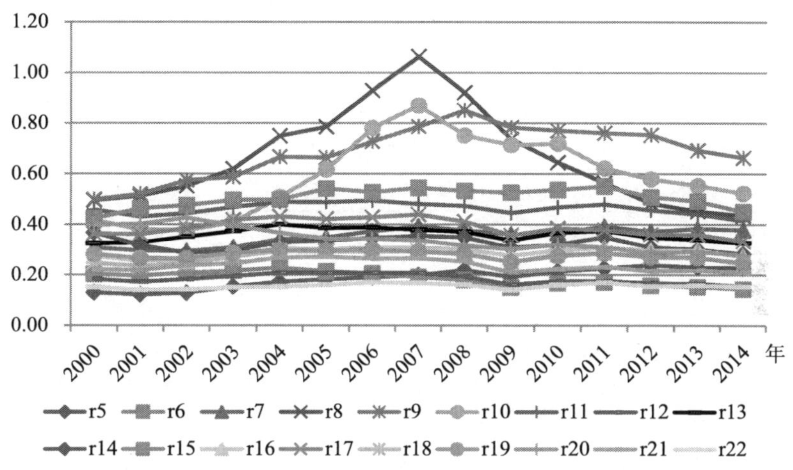

图 3.6　中国制造业内部各细分行业 GVC 参与度变化趋势图

资料来源：根据 WIOD 数据库 2016 年发布的数据测算绘制。

从图 3.6 变化趋势图来看，在 2000～2014 年，除了纸和纸制品的制造行业（r8）、记录媒介物的印制及复制行业（r9）和焦炭和精炼石油产品制造（r10）等行业的 GVC 参与度呈现出先上升后下降的倒“V”形变化轨迹。其余制造行业 15 年的 GVC 参与度的变化趋势基本呈现稳定发展的特点。2014 年，受全球经济低迷的影响，所有行业 GVC 参与度均有小幅回落。

表 3.7　中国制造业内部各细分行业 GVC 地位指数变化　单位：%

行业 \ 年份	2000	2001	2002	2003	2004	2005	2006	2007	2008	2009	2010	2011	2012	2013	2014	均值
r5	-0.01	-0.01	-0.02	-0.02	-0.02	-0.02	-0.01	0.00	0.02	0.03	0.03	0.04	0.06	0.07	0.08	0.02
r6	-0.10	-0.10	-0.11	-0.12	-0.13	-0.13	-0.12	-0.11	-0.09	-0.06	-0.08	-0.07	-0.05	-0.05	-0.04	-0.09
r7	0.06	0.06	0.05	0.03	0.04	0.02	0.05	0.06	0.07	0.11	0.07	0.08	0.10	0.11	0.11	0.07
r8	0.18	0.21	0.23	0.24	0.29	0.30	0.40	0.46	0.40	0.33	0.23	0.16	0.13	0.12	0.12	0.25
r9	0.20	0.24	0.27	0.25	0.27	0.25	0.30	0.34	0.39	0.39	0.35	0.34	0.36	0.32	0.32	0.30
r10	0.11	0.09	0.06	0.03	0.03	0.10	0.21	0.26	0.17	0.20	0.15	0.04	0.02	0.03	0.05	0.10

续表

行业＼年份	2000	2001	2002	2003	2004	2005	2006	2007	2008	2009	2010	2011	2012	2013	2014	均值
r11	0. 10	0. 09	0. 08	0. 06	0. 02	0. 01	0. 02	0. 02	0. 03	0. 06	0. 04	0. 04	0. 04	0. 05	0. 06	0. 05
r12	-0. 01	0. 00	0. 00	-0. 01	-0. 03	-0. 05	-0. 04	-0. 05	-0. 04	-0. 03	-0. 04	-0. 04	-0. 03	-0. 02	-0. 02	-0. 03
r13	-0. 01	0. 01	0. 01	-0. 02	-0. 05	-0. 08	-0. 07	-0. 08	-0. 05	-0. 02	-0. 03	-0. 02	-0. 01	0. 00	0. 01	-0. 03
r14	0. 11	0. 08	0. 05	0. 02	0. 00	-0. 01	0. 00	0. 02	0. 01	0. 03	-0. 01	0. 01	-0. 01	-0. 01	0. 01	0. 02
r15	0. 11	0. 16	0. 16	0. 13	0. 08	0. 10	0. 09	0. 10	0. 09	0. 13	0. 09	0. 08	0. 05	0. 03	0. 05	0. 10
r16	-0. 02	-0. 02	-0. 03	-0. 05	-0. 06	-0. 07	-0. 06	-0. 05	-0. 05	-0. 03	-0. 05	-0. 06	-0. 05	-0. 06	-0. 04	-0. 05
r17	-0. 17	-0. 17	-0. 19	-0. 22	-0. 24	-0. 25	-0. 24	-0. 26	-0. 24	-0. 20	-0. 19	-0. 18	-0. 17	-0. 16	-0. 14	-0. 20
r18	-0. 09	-0. 08	-0. 08	-0. 12	-0. 14	-0. 14	-0. 14	-0. 15	-0. 13	-0. 11	-0. 12	-0. 12	-0. 11	-0. 12	-0. 10	-0. 12
r19	-0. 01	-0. 01	-0. 03	-0. 06	-0. 09	-0. 10	-0. 09	-0. 10	-0. 09	-0. 07	-0. 09	-0. 08	-0. 08	-0. 08	-0. 06	-0. 07
r20	0. 10	0. 12	0. 13	0. 04	-0. 03	-0. 05	-0. 06	-0. 06	-0. 05	-0. 01	-0. 01	-0. 03	-0. 03	-0. 01	0. 00	0. 00
r21	-0. 10	-0. 09	-0. 09	-0. 13	-0. 14	-0. 14	-0. 15	-0. 14	-0. 14	-0. 13	-0. 15	-0. 15	-0. 14	-0. 13	-0. 10	-0. 13
r22	-0. 07	-0. 06	-0. 07	-0. 08	-0. 10	-0. 09	-0. 07	-0. 08	-0. 07	-0. 05	-0. 07	-0. 06	-0. 06	-0. 06	-0. 05	-0. 07

资料来源：根据 WIOD 数据库 2016 年发布的数据测算。

表 3. 7 列出了 2000 ~ 2014 年中国制造业各部门的 GVC 地位指数。从行业的均值看，在 18 个制造业细分部门中，记录媒介物的印制及复制行业（r9）的 GVC 地位指数最高，为 0. 30；纸和纸制品制造行业（r8）的 GVC 地位指数次之，为 0. 25；焦炭和精炼石油产品制造行业（r10）的 GVC 地位指数为 0. 10；基本金属制造行业（r15）的 GVC 地位指数为 0. 10；木材、木材制品和软木制品、草编制品及编织材料物品制造业（r7）的 GVC 地位指数为 0. 07；化学品及化学制品制造业（r11 ）的 GVC 地位指数为 0. 05；其他非金属矿物制品制造业（r14）的 GVC 地位指数为 0. 02；食品、饮料与烟草制品制造业（r5）的 GVC 地位指数为 0. 02；汽车、挂车和半挂车制造业（r20）的 GVC 地位指数为 0. 00；药品、药用化学品及植物药材制造业（r12）的 GVC 地位指数为 -0. 03；橡胶和塑料制品制造业（r13）的 GVC 地位指数为 -0. 03；金属制品制造业（r16）的 GVC 地位指数为 -0. 05；未另分类的机械和设备制造业（r19）的 GVC 地位指数为 -0. 07；家具、其他制造业（r22）的 GVC 地位指数为 -0. 07；纺织品、服装与皮革和相关产品制造业（r6）的 GVC 地位指数为 -0. 09；电力设备制造业（r18）的 GVC 地位指数为 -0. 12；其他运输设备制造业（r21）的 GVC 地位指数为 -0. 13；计算机、电子和光学产品制造业（r17）的 GVC 地位指数为 -0. 20。

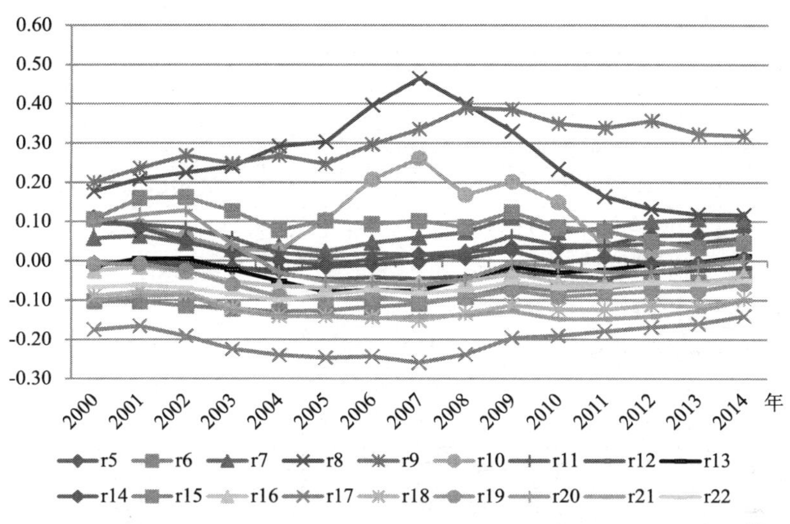

图 3.7　中国制造业内部各细分行业 GVC 地位指数变化趋势图

资料来源：根据 WIOD 数据库 2016 年发布的数据测算绘制。

从变化趋势图 3.7 来看，2000～2014 年，纸和纸制品的制造（r8）GVC 分工地位指数呈现出先上升后下降的倒“V”形变化轨迹，记录媒介物的印制及复制（r9）的分工地位在 2008 年之前上升较快。但 2008 年之后，分工地位指数变化不大，有小幅下降。焦炭和精炼石油产品的制造（r10）呈现下降后上升，再下降再上升的“W”形轨迹。可以看出，其他部门的制造业的国际分工地位也都呈现先下降再上升的变化趋势。表明近些年来，我国进行加工贸易转型升级，进口中间品的比重下降，出口中间品的比重不断提高，使制造业在国际分工地位中的位置逐渐向上游转移。

从变化趋势图还可以看出，我国劳动密集型行业 GVC 地位指数的提高带动了制造业 GVC 地位指数的提高，而资本与知识密集型行业的 GVC 地位指数相对不高，尤其是电力设备的制造（r18）、其他运输设备的制造（r21）、计算机、电子和光学产品的制造（r17）等行业对中国制造业 GVC 地位提升的作用还相当有限，大部分处在中下游位置，国际竞争力较弱，迫切需要我国大力发展高技术等产业，以提高制造业在全球价值链中的地位。

表 3.8　中国制造业各细分行业前向参与度（IV/E）的变化　单位：%

行业＼年份	2000	2001	2002	2003	2004	2005	2006	2007	2008	2009	2010	2011	2012	2013	2014	均值
r5	0.06	0.06	0.06	0.07	0.07	0.08	0.09	0.10	0.12	0.12	0.13	0.13	0.16	0.15	0.16	0.10

续表

年份 行业	2000	2001	2002	2003	2004	2005	2006	2007	2008	2009	2010	2011	2012	2013	2014	均值
r6	0. 04	0. 04	0. 04	0. 04	0. 04	0. 04	0. 04	0. 04	0. 04	0. 04	0. 04	0. 05	0. 05	0. 05	0. 05	0. 04
r7	0. 19	0. 18	0. 17	0. 17	0. 19	0. 19	0. 21	0. 23	0. 23	0. 25	0. 23	0. 25	0. 24	0. 25	0. 25	0. 22
r8	0. 36	0. 39	0. 42	0. 47	0. 57	0. 60	0. 75	0. 88	0. 75	0. 59	0. 48	0. 39	0. 32	0. 30	0. 29	0. 50
r9	0. 37	0. 41	0. 46	0. 45	0. 51	0. 50	0. 56	0. 62	0. 70	0. 66	0. 62	0. 61	0. 62	0. 56	0. 54	0. 55
r10	0. 27	0. 24	0. 22	0. 22	0. 27	0. 38	0. 53	0. 62	0. 49	0. 49	0. 46	0. 33	0. 30	0. 30	0. 29	0. 36
r11	0. 29	0. 27	0. 27	0. 27	0. 26	0. 25	0. 26	0. 25	0. 25	0. 26	0. 26	0. 26	0. 25	0. 25	0. 24	0. 26
r12	0. 09	0. 08	0. 09	0. 09	0. 09	0. 08	0. 08	0. 08	0. 08	0. 06	0. 07	0. 06	0. 07	0. 07	0. 07	0. 08
r13	0. 15	0. 17	0. 18	0. 17	0. 17	0. 15	0. 15	0. 14	0. 16	0. 16	0. 17	0. 17	0. 17	0. 17	0. 17	0. 16
r14	0. 25	0. 21	0. 17	0. 16	0. 16	0. 16	0. 17	0. 19	0. 18	0. 17	0. 16	0. 18	0. 15	0. 15	0. 15	0. 17
r15	0. 28	0. 33	0. 34	0. 33	0. 30	0. 34	0. 32	0. 34	0. 32	0. 34	0. 32	0. 32	0. 29	0. 27	0. 25	0. 31
r16	0. 12	0. 12	0. 11	0. 11	0. 11	0. 11	0. 12	0. 12	0. 12	0. 12	0. 12	0. 12	0. 12	0. 12	0. 11	0. 12
r17	0. 08	0. 08	0. 08	0. 07	0. 07	0. 06	0. 07	0. 06	0. 06	0. 06	0. 08	0. 08	0. 08	0. 09	0. 08	0. 07
r18	0. 07	0. 07	0. 08	0. 07	0. 07	0. 07	0. 06	0. 06	0. 07	0. 06	0. 07	0. 07	0. 07	0. 07	0. 07	0. 07
r19	0. 14	0. 13	0. 12	0. 11	0. 10	0. 09	0. 10	0. 09	0. 09	0. 08	0. 09	0. 10	0. 09	0. 09	0. 09	0. 10
r20	0. 26	0. 27	0. 29	0. 22	0. 17	0. 14	0. 14	0. 13	0. 13	0. 15	0. 15	0. 14	0. 13	0. 14	0. 14	0. 17
r21	0. 05	0. 06	0. 07	0. 05	0. 05	0. 06	0. 05	0. 05	0. 05	0. 03	0. 03	0. 03	0. 03	0. 04	0. 05	0. 05
r22	0. 04	0. 04	0. 03	0. 03	0. 02	0. 03	0. 04	0. 04	0. 04	0. 04	0. 04	0. 05	0. 05	0. 05	0. 05	0. 04

资料来源：根据 WIOD 数据库 2016 年发布的数据测算。

从表 3. 8 可以看出，2000 ~2014 年中国服务业各部门的 GVC 前向参与度指数（IV/E），分行业看，在 18 个制造业细分部门中，排名前 5 位的行业分别为：记录媒介物的印制及复制（r9）的前向参与度指数最高为 0. 55；纸和纸制品的制造（r8）的前向参与度指数次之为 0. 50；焦炭和精炼石油产品制造（r10）的前向参与度指数为 0. 36；基本金属制造（r15）的前向参与度指数为 0. 31；木材、木材制品和软木制品制造、草编制品及编织材料物品的制造（r7）的前向参与度指数为 0. 22；家具与其他制造业（r22）前向参与度最低，为 0. 04。

表 3. 9　中国制造业各细分行业后向参与度（FV/E）的变化　单位：%

年份 行业	2000	2001	2002	2003	2004	2005	2006	2007	2008	2009	2010	2011	2012	2013	2014	均值
r5	0. 07	0. 07	0. 07	0. 09	0. 10	0. 10	0. 10	0. 10	0. 10	0. 08	0. 09	0. 09	0. 08	0. 08	0. 07	0. 09
r6	0. 16	0. 16	0. 17	0. 18	0. 19	0. 18	0. 17	0. 16	0. 14	0. 11	0. 12	0. 12	0. 11	0. 11	0. 09	0. 14

续表

行业＼年份	2000	2001	2002	2003	2004	2005	2006	2007	2008	2009	2010	2011	2012	2013	2014	均值
r7	0.12	0.11	0.12	0.14	0.15	0.16	0.16	0.16	0.15	0.12	0.14	0.15	0.13	0.13	0.13	0.14
r8	0.14	0.13	0.13	0.15	0.18	0.18	0.18	0.18	0.17	0.14	0.17	0.18	0.16	0.15	0.15	0.16
r9	0.12	0.11	0.12	0.13	0.16	0.17	0.16	0.16	0.15	0.13	0.15	0.15	0.13	0.13	0.12	0.14
r10	0.14	0.14	0.15	0.19	0.24	0.24	0.25	0.25	0.26	0.22	0.26	0.29	0.28	0.26	0.23	0.23
r11	0.17	0.16	0.17	0.20	0.23	0.24	0.24	0.23	0.22	0.18	0.21	0.22	0.20	0.19	0.17	0.20
r12	0.10	0.09	0.09	0.11	0.12	0.13	0.13	0.13	0.12	0.10	0.11	0.11	0.10	0.10	0.09	0.11
r13	0.17	0.16	0.17	0.20	0.23	0.24	0.24	0.23	0.21	0.18	0.20	0.20	0.18	0.17	0.16	0.20
r14	0.12	0.11	0.11	0.14	0.16	0.17	0.17	0.17	0.17	0.14	0.16	0.17	0.16	0.15	0.14	0.15
r15	0.15	0.13	0.14	0.17	0.20	0.21	0.20	0.21	0.21	0.18	0.21	0.23	0.22	0.23	0.20	0.19
r16	0.15	0.14	0.14	0.17	0.19	0.19	0.19	0.19	0.18	0.16	0.18	0.19	0.18	0.18	0.16	0.17
r17	0.28	0.28	0.31	0.34	0.36	0.36	0.36	0.38	0.35	0.29	0.31	0.30	0.28	0.27	0.25	0.31
r18	0.17	0.16	0.17	0.20	0.23	0.23	0.23	0.23	0.22	0.19	0.21	0.21	0.20	0.20	0.18	0.20
r19	0.15	0.14	0.15	0.18	0.20	0.20	0.20	0.21	0.19	0.17	0.19	0.19	0.18	0.18	0.16	0.18
r20	0.14	0.13	0.14	0.17	0.20	0.20	0.20	0.20	0.18	0.15	0.17	0.17	0.16	0.15	0.14	0.17
r21	0.17	0.16	0.17	0.19	0.21	0.22	0.21	0.21	0.20	0.18	0.19	0.20	0.19	0.18	0.16	0.19
r22	0.11	0.10	0.11	0.12	0.13	0.13	0.13	0.13	0.12	0.10	0.12	0.12	0.11	0.11	0.10	0.12

资料来源：根据 WIOD 数据库 2016 年发布的数据测算。

从表 3.9 可以看出，2000～2014 年中国服务业各部门的 GVC 后向参与度指数（FV/E），即出口中国外增加值的占比。分行业看，在 18 个制造业细分部门中，排名前五位的行业分别为：计算机、电子和光学产品制造业（r17）的后向参与度最高，为 0.31；焦炭和精炼石油产品制造业（r10）的后向参与度为 0.23；电力设备制造（r18）的后向参与度为 0.20；化学品及化学制品制造（r11）的后向参与度为 0.20；橡胶和塑料制品制造（r13）的后向参与度为 0.20；其他运输设备制造（r21）的后向参与度为 0.19；食品、饮料与烟草制品制造（r5）的后向参与度最低，为 0.09。

3.2　中国服务业发展概况分析

3.2.1　服务业稳中向好，对经济的带动作用日益凸显

（1）服务业成为第一大产业，对国内生产总值的贡献和拉动作用持续提升

近些年来，尽管我国经济下行压力继续加大，但国内经济结构正在发生重大的变化，服务业呈现出良好发展态势。国家统计局网站数据显示，按当年价格计算，2012 年我国第三产业增加值占国内生产总值比重上升到 45.5%，首次超过第二产业（见图 3.8），跃居第一。2015 年，这一比重继续上升至 50.5%，标志着中国经济正式迈入服务化的时代，具有非常重要的战略意义。不仅如此，2014 年第三产业对国内生产总值的贡献率（48.1%）超过了第二产业的贡献率（47.1%）。同时，第三产业对国内生产总值增长的拉动为 3.5 个百分点，而第一产业和第二产业对国内生产总值增长的拉动分别为 0.3 个和 3.4 个百分点，服务业对经济增长的贡献持续提升（见图 3.9 和图 3.10），这表明服务业已经成为中国国民经济第一大产业，成为推动中国经济增长的主要动力和新引擎，给经济平稳运行提供了有力支撑。

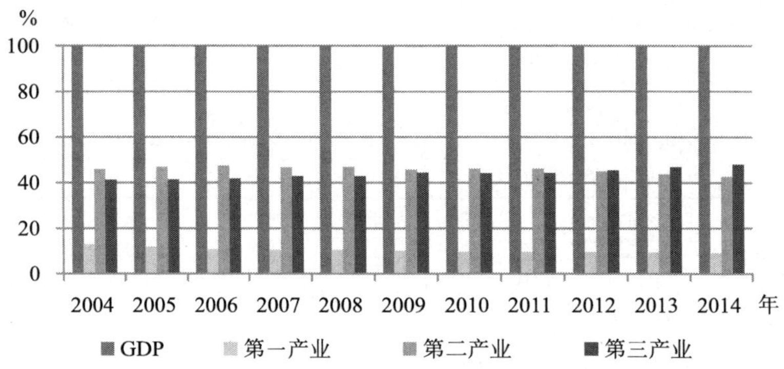

图 3.8　2004～2014 年三次产业增加值占国内生产总值 GDP 的比重

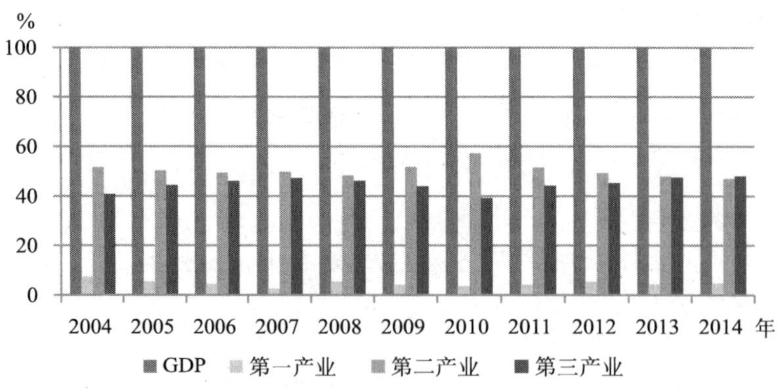

图 3.9　2004～2014 年三次产业对国内生产总值 GDP 的贡献率

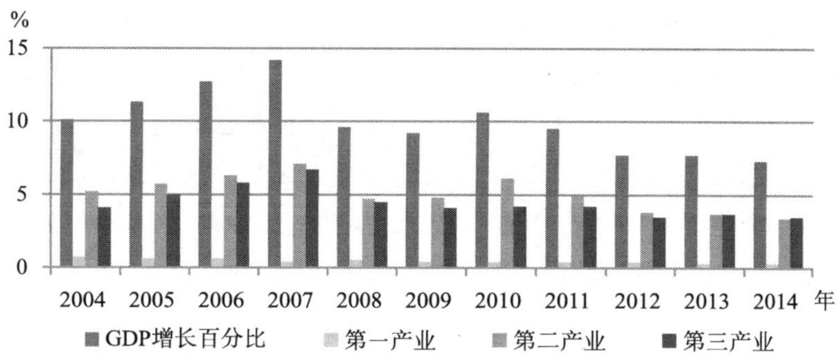

图 3.10　2004～2014 年三次产业对国内生产总值 GDP 增长的拉动

注：拉动指 GDP 增长速度与三次产业或主要行业贡献率之乘积。

资料来源：作者根据国家统计局网站相关数据整理绘制。

（2）利用外资的结构正在从制造业领域向服务业领域倾斜和转移

近些年来，我国利用外资的结构也在不断优化与调整，外商直接投资的重点领域也由以往更多地集中于制造业的方面，不断向服务业领域倾斜和转移（见图 3.11）。2010 年，我国实际使用外资金额为 1057.3 亿美元。具体分行业来看，在制造业领域，实际使用外资的金额为 495.9 亿美元，而服务业实际使用外资的金额为 552.43 亿美元。可以看出，服务业实际使用外资金额以及增长幅度均超过制造业。在随后的年份里，我国制造业实际利用外资的规模与比重都呈不断下降的趋势；而服务业恰好相反，实际利用外资的规模与比重逐年不断上升。到 2014 年，我国实际利用外商直接投资金额为 1195.62 亿美元。其中，制造业金额为 399.39 亿美元，占全国比重为 33.4%；服务业实际使用外资金额为 740.96 亿美元，占比重为 61.97%。因此，从我国实际利用外商直接投资的变化特征与变化趋势来看，表明我国利用外资也逐渐步入服务化的时代。

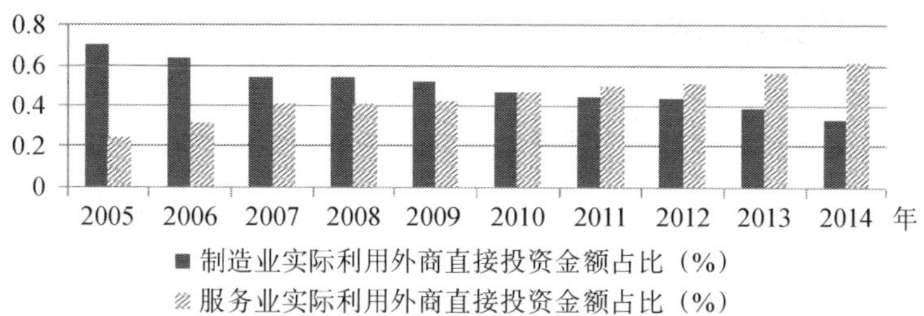

图 3.11　2005～2014 年制造业与服务业实际利用外商直接投资金额占比

资料来源：作者根据国家统计局和商务部网站相关数据计算整理绘制。

(3) 服务贸易快速发展，服务贸易规模跃居世界第二

近些年来，我国服务贸易保持了较好的发展势头，服务进出口总额占世界的比重持续攀升，服务出口额与进口额的全球占比也在不断提升（见图3.12）。根据世界贸易组织发布的统计报告，从世界排名来看，2012年中国服务贸易首次进入前三位，2014年超过德国上升至第二位。2015年，中国服务进出口总额为7130亿美元，占世界服务进出口额比重为7.7%，继续保持世界第二位。

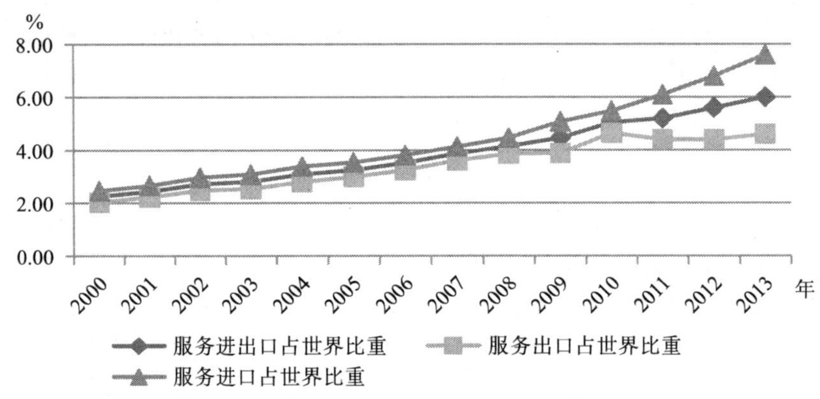

图3.12 2000～2013年服务进出口占世界比重变化

资料来源：根据Wind资讯数据整理绘制。

同时，商务部最新数据显示，2016年，我国服务贸易规模达到5.35万亿元人民币，首次突破了5万亿元大关，服务贸易占对外贸易总额（货物和服务进出口之和）比重达到18%，世界排名继续保持第二，服务贸易正成为我国对外贸易发展的新引擎。

3.2.2 服务业仍是中国发展的“短板”，与世界差距较大

尽管近些来年服务业快速发展，成为我国第一大产业，但服务业发展相对滞后的格局仍然存在，仍是国民经济的“短板”，仍面临着若干突出问题：

(1) 服务业内部结构不合理，结构有待优化

从我国目前服务业的内部结构来看，还存在“传统服务业进入过度与现代服务业进入不足同时并存”的现象，这也是我国服务业结构不合理的症结所在。在第三产业增加值的构成中，批发与零售业、交通运输和仓储业、住

宿餐饮等传统服务业在整个服务业中所占比例仍然较高，而以知识技术密集性特征的生产性服务业和新兴服务业发展水平还不够高。另外，还存在部分生活性服务业比重偏低，健康、医疗等公共性服务业有效供给不足的现象，难以满足人民群众日益增长的服务需求。

（2）与世界相比，我国服务业增加值占比仍偏低

从国际范围来看，我国服务业占 GDP 的比重无论是与发达国家还是新兴经济体（金砖国家）比较，均存在较大差距（见表 3. 10）。

表 3. 10　2005 ~ 2015 年中国与世界各国家服务业增加值比重的比较　%

年份	2005	2006	2007	2008	2009	2010	2011	2012	2013	2014	2015
中国	41. 3	41. 8	42. 9	42. 8	44. 3	44. 1	44. 2	45. 3	46. 7	47. 8	50. 2
高收入国家	72. 2	72. 0	72. 0	72. 4	74. 1	73. 4	73. 2	73. 5	73. 6	73. 8	/
低收入国家	46. 3	46. 0	46. 8	46. 2	46. 6	47. 1	46. 8	46. 1	47. 1	47. 5	47. 6
中低等收入国家	48. 5	48. 7	46. 5	46. 4	47. 4	49. 1	48. 9	49. 8	50. 5	51. 4	52. 3
中等收入国家	50. 6	51. 0	51. 2	51. 1	53. 0	52. 8	52. 6	53. 6	54. 6	55. 5	57. 1
中高等收入国家	51. 2	51. 7	52. 5	52. 4	54. 6	53. 8	53. 6	54. 7	55. 7	56. 7	58. 5
世界平均水平	65. 7	65. 6	65. 8	66. 1	67. 9	67. 3	67. 1	67. 6	67. 9	68. 3	/

资料来源：世界银行 WDI 统计数据库。

从表 3. 10 可以看出，从 2005 年到 2015 年的 10 年，中国服务业增加值占比虽然一直呈增长的态势，但是与世界各国相比，还存在很大差距，服务业竞争力整体水平不高。甚至一直低于低收入国家的占比，直至 2014 年这一比例才略微赶超低收入国家。2015 年中国人均 GDP 为 5. 2 万元，约合 8016 美元，按照世界银行的划分标准，中国已位于中等偏上收入国家的范围。但从服务业增加值占比来看，世界平均水平为 68% 左右，高收入国家达 70% 左右，中低等收入国家 52. 3%，中等收入国家为 57. 1%，中高等收入国家为 58. 5%。中国这一占比为 50. 2%，仅高于低收入国家占比，与其他中高等收入国家的服务业增加值还有一定的差距。

从图 3. 13 可以看出，服务业发展水平不仅低于世界主要经济体和世界平均水平，与其他金砖国家相比，我国服务业比重也是偏低的。根据世界银行的数据显示，2015 年中国服务业增加值的比重为 50. 2%，而巴西、印度、俄罗斯和南非的服务业增加值的比重分别达到 72%、53. 2%、62. 8% 和 68. 7%。反映出我国服务业发展的整体水平不够高，提高服务业占比还有相当大的空间。

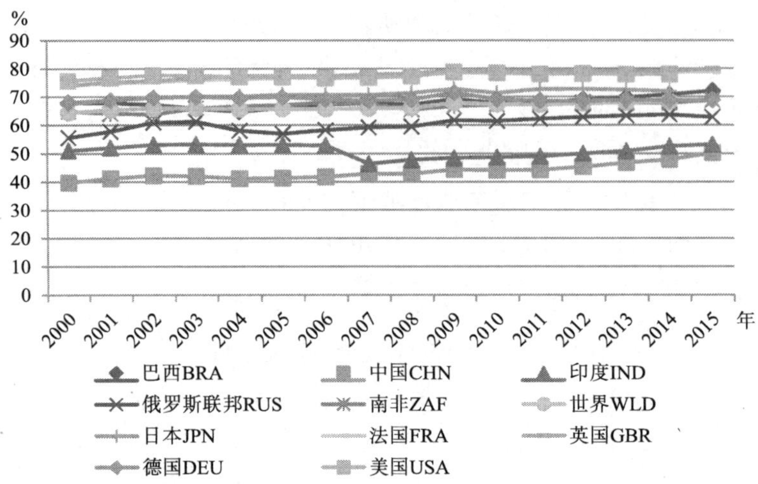

图 3.13 2000～2015 年金砖国家与世界主要经济体的服务业增加值比较

数据来源：世界银行 WDI 统计数据库整理绘制。

(3) 与世界相比，我国服务业劳动生产率仍存在较大差距

根据国际劳工组织（International Labor Organization）和世界银行（World Bank）的测算，2014 年我国按照 2011 年购买力平价不变价格折算的服务业劳动生产率为 24724 美元/人。从世界主要经济体的服务业劳动生产率来看，美国约为中国的 4.1 倍，意大利为 3.8 倍，法国为 3.7 倍，德国为 3.2 倍，英国为 3 倍，日本为 2.8 倍。在金砖国家中，除了印度外，其他 3 国的服务业劳动生产率均比中国高，其中俄罗斯为中国的 1.7 倍，南非为中国的 1.6 倍，巴西为中国的 1.1 倍（见图 3.14），这表明我国服务业生产率较低。

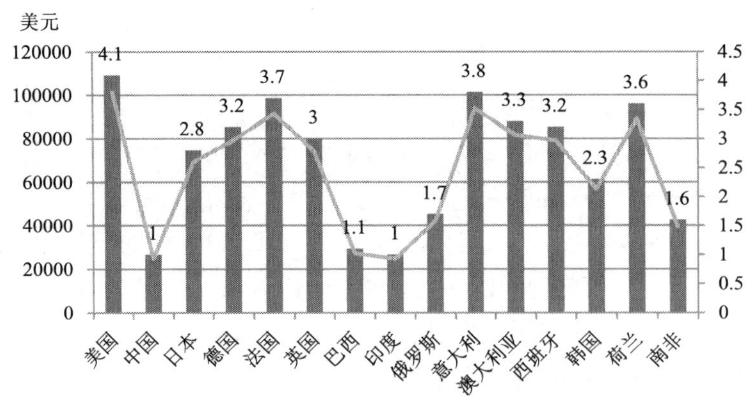

图 3.14 世界主要国家服务业生产率比较

数据来源：根据世界银行与国际劳工组织相关数据库整理绘制。

（4）服务贸易逆差不断扩大，服务业国际竞争力薄弱

数据显示，尽管近些年来，我国服务贸易规模在逐年扩大，但服务贸易的逆差也仍在不断扩大（见图 3.15）。

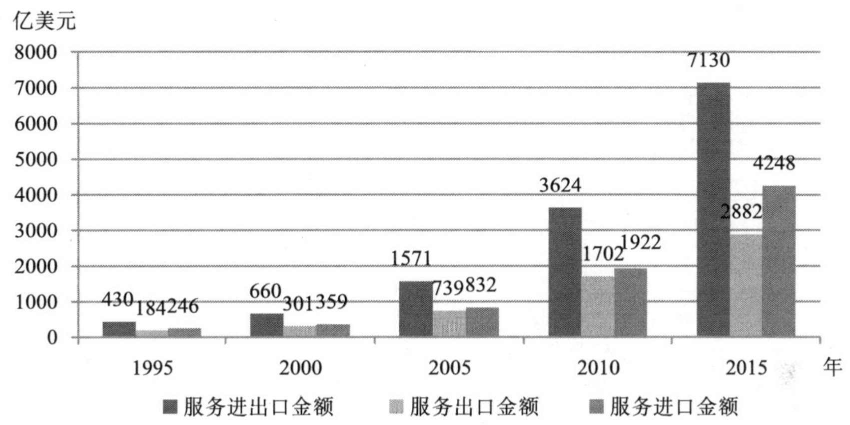

图 3.15　1995～2015 年中国服务贸易进出口金额

数据来源：Wind 资讯数据整理绘制。

根据 Wind 资讯提供的数据，1995 年我国服务贸易逆差 62 亿美元，到 2000 年逆差稍有回落，为 57.12 亿美元，但 2005 年服务贸易逆差又扩大为 92.63 亿美元，到了 2010 年这一金额进一步扩大为 219.25 亿美元。直至 2015 年，我国服务贸易逆差为 1366.20 亿美元。可以看出 20 年间我国服务贸易逆差状态逐年不断扩大，时至今日并未改观，服务贸易在贸易总额中的比重低于世界平均水平。

图 3.16 为 2014 年中国服务贸易进出口分类的金额情况。从图中可以看出，服务业领域中建筑服务、咨询和广告、计算机和信息服务、宣传等行业表现为服务贸易顺差，而保险服务业、金融服务和专有权使用费和特许费等高附加值行业长期存在贸易逆差的现象，这表明我国服务贸易结构不合理，国际竞争力还相当薄弱。

3.3　本章小结

本章主要介绍了我国参与产品内分工的现状，以及我国服务业发展的现状。根据 WIOD 数据库 2016 年最新发布的涵盖 28 个欧盟国家和其他 15 个主

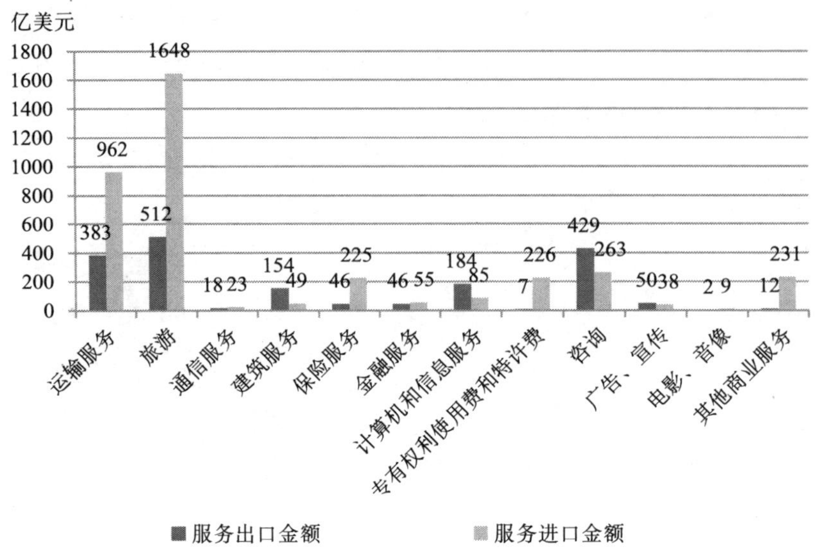

图 3-16 2014 年中国服务贸易进出口分类金额

数据来源：Wind 资讯数据整理绘制。

要国家或地区投入产出数据，基于贸易增加值的核算方法，利用 KPWW 分解方法，测算了 2000~2014 年共 15 年连续时间的 GVC 参与度指数和 GVC 地位指数，分析了中国参与产品内分工的程度与地位演变趋势，得到如下结论：第一，从国别层面看，在选取的世界前 10 大代表性经济体中，俄罗斯的 GVC 参与度最高，法国次之，巴西最低。进一步考察 GVC 地位指数，俄罗斯最高，美国次之，法国最低，其他金砖国家中巴西的国际分工地位较高，表明这些国家大都处于全球价值链的上游。同时也反映出贸易的规模与贸易的利得不一定成正比，一国的经济总量和进出口规模并不一定能真实地反映一国在全球价值链中的地位。中国的国际分工地位指数较低，均值为 -0.012，在世界 10 大经济体中，排在第 9 位，在考察期内，经历了一个先下降再上升的“U”形变化过程。金融危机之后，中国的国际分工地位逐步赶超日本、德国、法国和意大利等发达国家的分工地位，并且呈现出不断上升的发展态势，这表明随着国际分工程度的不断深化，我国在全球价值链中的地位在逐年上升。第二，从整体制造业层面看，中国制造业 GVC 地位与国家整体层面的分工地位指数基本一致，呈先下降再上升的“V”形趋势发展态势，服务业参与国际分工地位指数总体呈上升变化趋势。2000~2014 年中国制造业的 GVC 后向参与度呈现先上升后下降，再上升再下降的“M”形趋势，即中国出口的国外增加值率近些年来呈现下降的趋势，GVC 前向参与度也呈缓慢上升发展态势，表明随着产品内分工程度的加深，中国制造业对进口中间产品的依赖程度有所下降，中国制造业在全球价值链中的作用日益凸显。第三，制造业分行业分层面：中国制造业 GVC 地位指数的提高主要来自劳动密集型行业的 GVC 地位指数的提高，资本密集型和知识密集型行业的 GVC 地位指数不高，这些行业对中国制造业 GVC 地位提升的作用还相当有限，大部分处在中下游位置，国际竞争力较弱，迫切需要我国大力发展高技术等产业，以提高制造业在全球价值链中的地位。

从目前我国服务业发展现状来看，一方面服务业呈现出良好的发展态势：服务业快速发展，规模不断扩大，成为中国国民经济第一大产业，成为推动中国经济增长的主要动力和新引擎；利用外资的结构从制造业领域向服务业领域倾斜和转移；服务业就业占比超过第一产业与第二产业，服务贸易快速发展，服务贸易规模跃居世界第二。另一方面，我国服务业发展仍存在一些突出的问题：服务业内部结构不合理；服务业占 GDP 的比重无论是与发达国家还是新兴经济体相比较，均存在较大差距；服务贸易逆差不断扩大，贸易结构有待优化等。

基于概况分析，我们会提出这样的疑问：中国参与产品内分工与中国服务业快速提升两者之间存在内在联系吗？制造业产品内分工是否是促进中国服务业不断发展的一个主要因素？如果是，参与产品内分工影响中国服务业的内在机理与传递渠道如何？之后章节将进行详细的理论分析与实证检验。

第 4 章

产品内分工影响服务业发展的理论分析

通过前一章节对产品内分工程度的测算与服务业统计分析得知，一方面，随着国际分工的日益深化，我国在全球价值链中的位置不断攀升，国际分工地位日益提高；另一方面，当前服务业占据了经济的“半壁江山”，已经成为中国第一大产业，呈现出良好的发展态势。那么，我国参与产品内分工与我国服务业快速提升两者之间究竟存在怎样的内在联系？参与产品内分工影响我国服务业的内在机理与传递渠道如何？本章试图从理论层面来阐述参与产品内分工对服务业影响的作用机理。

4.1　理论分析框架

4.1.1　产品内分工影响不同国家服务业发展的机制

本书借鉴 Dixit 和 Grossman（1982）构建的多阶段生产（Multistage Production）模型来阐述产品内分工的原理。

假设用指数 i 来表示各生产阶段，且 i 是一个连续变量，其区间范围在［0，1］之间。当 $i=0$ 时，表示生产阶段处于链条的上游开始端，$i=1$ 时，表示生产阶段处于链条的下游终端。通常情况下，上游环节属于资本密集型环节，下游环节属于劳动密集型生产环节。我们假定指数 $i<0$ 的商品为纯中间产品，di 表示为生产区段 i 的产出。

生产阶段 $i+di$ 的中间产品为1单位 i 阶段的产出与资本劳动组合的成本 $c(w,r,i)di$，其中 w 是工资率；r 是资本租金率；$c(w,r,i)$ 表示生产阶段 i 的单位成本函数。这也意味着每一生产阶段的产出为上一个生产区段的产出与本阶段的价值增值之和。中间投入品的生产是固定比例的，但资本和劳动可以相互替代，最优劳动资本比率为 c_w/c_r。且有：

$$\partial(c_w/c_r)/\partial i>0 \tag{4.1}$$

这表明，当 $i\to0$，所处的生产阶段越偏向资本密集型，当 $i\to1$，所处的生产阶段越偏向下游劳动密集型环节。

在不考虑交易成本的情形下，现在假定有两个国家，国家1和国家2。其要素价格分别为 (w_1,r_1) 和 (w_2,r_2)，两个国家的要素价格不同，其中 $w_1>w_2$ 且 $r_1<r_2$。表明国家1代表资本相对丰裕的国家，国家2代表劳动相对丰裕的

国家。两国的生产成本曲线如图 4.1 所示。

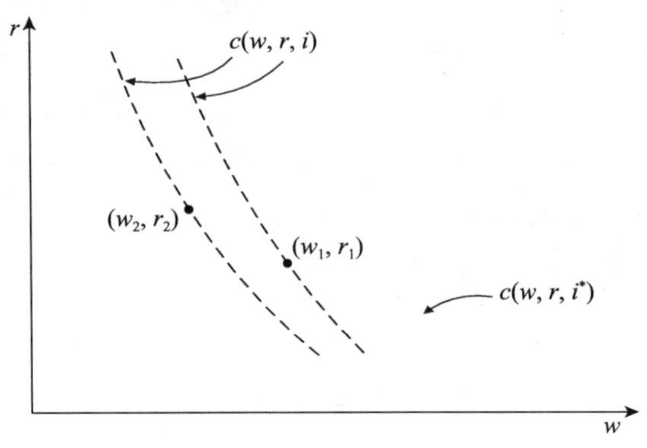

图 4-1 两国产品内分工模型

从图 4.1 中可以看出，i^* 是两国初始的分工临界点。在临界点处，两国具有共同的单位成本曲线。两个国家在从 i^* 到 i^*+di 生产阶段相等的成本可以表示为，

$$c(w_1,r_1,i^*)=c(w_2,r_2,i^*) \tag{4.2}$$

而在初始的分工临界点 i^* 的两侧，由于两国的资源禀赋存在差异，国家 1 和国家 2 在同一个生产阶段的生产成本会有所不同，此时产品内分工就会发生。

从图 4.1 中可以看出，对于 $i>i^*$，国家 1 的单位成本曲线函数要高于国家 2 的单位成本曲线函数，即：

$$c(w_1,r_1,i)>c(w_2,r_2,i) \tag{4.3}$$

这表明在临界点 i^* 右侧，靠近下游的位置，劳动力相对丰裕的国家 2 在该环节具有比较优势，国家 2 将专业化生产这一阶段的中间产品；同理可知，对于 $i<i^*$，国家 1 的单位成本函数要低于国家 2 的单位成本曲线函数，有：

$$c(w_1,r_1,i)<c(w_2,r_2,i) \tag{4.4}$$

表明在临界点 i^* 左侧，靠近上游的位置，资本相对丰裕的国家 1 在该环节具有比较优势，国家 1 将专业化生产这一阶段的中间产品。当然，图 4.1 中的无差异临界点 i^* 会随着一国要素禀赋、关税政策等的改变而移动。

因此，整个价值链的最终产品的价格就可以通过各生产阶段的增加值之和来获得：

$$p=\int_0^{i^*}c(w_1,r_1,i)\,di+\int_{i^*}^1 c(w_2,r_2,i)\,di \tag{4.5}$$

进一步考虑国际贸易的情形，此时存在交易成本 τ。假设制造业部门的产出用 x 表示；农业部门产出用 y 表示；x 产品的相对价格是 p；农业部门的劳动力投入为 L_y；土地投入为 T；制造业部门使用 L_x 单位的劳动力投入和资本 K；z 表示土地的租金。劳动力可以在不同部门之间流通，但土地与资本具有一定的专用性。

我们仅讨论 w/r 小于世界其他经济体的情形。也就是该国家位于 i^* 下游的阶段，劳动力价格相对较低，有劳动密集型的生产优势。那么，x 产品的单位的增加值是：

$$F(w,r,i^*) = \int_{i^*}^{1} c(w,r,i)\,di \tag{4.6}$$

将世界其他经济视为一个整体，则世界其他经济体每单位 x 的增加值为：

$$\overline{F}(i^*) = \int_{0}^{i^*} c(\overline{w},\overline{r},i)\,di = \int_{0}^{i^*} \overline{c}(i)\,di \tag{4.7}$$

在考虑交易成本的情况下，最终产品可以表示为：

$$p = \overline{F}(i^*)(1+\tau) + F(w,r,i^*) \tag{4.8}$$

由此可得到，生产边际阶段的条件为：

$$\overline{c}(i^*)(1+\tau) = c(w,r,i^*) \tag{4.9}$$

则该国的产品市场出清条件（G 为该国的国民收入）为：

$$G = zT + rK + wL + \tau F(i^*)x \tag{4.10}$$

令该国对最终产品的需求为 $D(P,G)$，世界其他经济体的需求是 $\overline{D}(p)$，则有：

$$D(P,G) + \overline{D}(p) = x \tag{4.11}$$

由式（4.6）到式（4.11），便可以确定要素价格 w、r 和 z 产品的相对价格 p，制造业产出 x 和农业部门的产出 y，以及该国的国民收入 G，此时，产品内分工的临界点 i^* 也确定下来。

由以上方程求全微分，并进行矩阵运算，可以得出：$di^*/d\tau < 0$。

这意味着交易成本 τ 越大，中间产品跨境运输时成本越高时，生产阶段就越集中，分工的区段就越少；反之，生产阶段的划分越分散，产品内分工就越容易发生，此时，各个国家依据各自的比较优势和资源禀赋异质性，通过全球范围内布局价值链来实现资源的有效配置。

4.1.2 “中国悖论”分析：外向程度较高的地区服务业比重低

在产品分工体系下，不同的生产区段有着不同的要素密集度，每个生产环节所对应着不同的技术层级（Humphrey，2004），参与全球产品内分工会无疑对世界各国的产业结构表现出很大的差异性。

在世界范围内，由于中间产品的生产成本、交易成本以及各国资源禀赋等因素都会影响跨国公司的生产组织行为。由于欧美等发达国家资本雄厚，往往拥有核心技术，占据了全球价值链两端，强化对研发、设计环节和营销服务等高端环节的控制，并从事高科技产品的生产等核心生产环节，这些环节大都属于生产性服务链，附加值较高，具有资本密集型与技术密集型的特点，就决定了其在产品内分工中的优势地位，服务业因此获得了快速的发展。发达国家在控制产业发展的同时，把生产制造等低附加值环节转移到发展中国家。发展中国家劳动力资源相对丰裕，技术水平相对落后，在国际生产分工体系中主要处于下游位置，代表劳动密集型环节，所从事的是附加值较低的加工装配组装活动，往往进口核心零部件等中间产品，进行加工组装，出口制成品，对服务业的作用有限，这使得发达国家服务业发展水平与比重远远高于发展中国家。20世纪中叶之后，全球经济和产业发展出现了一种新的现象——“服务经济”（Fuchs，1968）不断兴起与发展。服务业在发达国家中所占比重逐渐上升，尤其是生产性服务业的飞速发展及其在经济发展中所起的作用尤为引人注目。一个主要的原因正是基于全球价值链在不同国家之间实现了专业化的分工，发达国家将低附加值的环节分布到发展中国家，而国内只保留高附加值的服务环节，实现了全球范围内的利润最大化。中国加入全球分工体系的初期，一直存在着这样一种现象：经济程度越发达，参与全球分工程度越高的沿海城市和地区，服务业比重却比较低？若从产品内分工的角度对这一悖论加以解释，主要由于长期以来高度依赖加工贸易的模式割裂国内制造业与服务业的关联，只带来了制造业比重持续上升，对服务业的发展并未产生积极的刺激作用，造成了第三产业的比重较低。

4.2 动态调整下产品内分工对发展中国家服务业促进作用的机制

参与产品内分工模式并非完全阻断了发展中国家服务能力成长与发展的道路。正如 Bernard 等（2006）所说，加入全球生产网络对一国的经济结构转变也会产生积极的影响。世界范围内的分工布局并非静态固定不变，而是一个随着时间的变化不断进行动态重塑的过程。

4.2.1 分工深化，产业链延伸带来的促进作用

依据产品内分工的原理，交易成本 τ 越低，生产过程越会日趋分散，价值链分工就越深化。在国际经济活动中，随着关税的不断降低，以及区域贸易协定和自由贸易协定会使设计范围内交易成本大幅降低。近些年来，随着通信和运输成本的不断下降，产品的不同生产过程和区段、环节被分散在不同的国家和地区进行，各种要素资源在世界范围内进行着大规模的配置和重组。全球价值链越深化发展，就会不断产生更多的中间服务需求，从而不断推动服务业的发展，同时高附加值的生产性的服务业又会促进分工的进一步深化，为服务业的发展提供更广阔的市场。

4.2.2 劳动力成本上升产生倒逼带来的促进作用

当发展中国家的劳动力成本不断提高时，会削弱发展中国家在加工装配环节的成本优势。对应于图 4.1，国家 2 是劳动相对丰裕的国家，当劳动力成本不断上涨时，该国在劳动密集型的生产阶段的比较优势就会逐渐转变为比较劣势。在这种情况下，会给国内劳动密集型产业带来较大的冲击，从而导致部分劳动密集型的产业或生产任务向更低成本劳动力的国家转移。这在一定程度上可以倒逼该国的产业升级。发展中国家如果能利用资源重新配置的时机，不断进行经验的积累，加速资本积累，进行自主研发与技术创新，不断优化自身要素禀赋结构，就会使该国的资本租金率与该国的劳动工资率相比，呈现相对下降的趋势。其结果会降低该国在上游环节资本密集型生产阶

段的单位成本，促使该国不断向高附加值的上游环节攀升，这样该国在资本密集型环节初始的比较劣势便逐步转换为比较优势。该国的产业结构也因此得到相应改善，服务能力和增值能力因此不断得到增强。

4.2.3 “学习效应”与“技术溢出效应”带来的促进作用

产品内分工伴随着大量的中间品贸易，发展中国家参与产品内分工时，从发达国家进口先进的机器设备、原材料、核心零部件等，这些中间产品技术含量高，具有知识和技术密集型的特征，一方面可以将其直接应用到生产中提高生产效率，另一方面通过进口产品可以产生强烈的“干中学”效应，并会产生积极的行业间和行业内技术溢出效应，进而提高国内的技术水平，逐步帮助企业更多地参与资本与技术密集度较高的产品加工环节中去，实现国际分工地位的提高。不仅如此，制造企业在进口中间产品的同时，还会进口服务，这会对国内相关服务企业产生间接的影响，国内服务企业迫于竞争压力，会不断通过技术引进和创新来改善生产效率。

4.3 产品内分工对中国服务业发展的影响机制及理论命题

4.3.1 分工对中国服务业发展先抑制后促进的影响机制

过去中国是以低成本竞争优势嵌入欧美发达国家主导的全球价值链从事简单加工装配环节，是一种主要依赖要素的传统粗放式加工贸易模式，主要集中于劳动密集型性产业，产品附加值低，对服务业尤其是生产服务业的带动作用有限，同时加工贸易以外商投资为主，发达国家在对外投资时一般不满足于发展中国家本地化的服务业水平，往往会提供与之生产能力配套的高级生产者服务业，这在一定程度上排挤了中国的服务业发展，造成其比重偏低。因此，初期中国以加工贸易的方式嵌入全球价值链并没有带动国内服务业尤其是生产性服务业的相应发展。

国内现有研究大都也持这种观点，认为发展中国家从事国际代工很容易被发达国家"俘获"，并长期锁定在 GVC 的低端难以摆脱，从而难以向产业高端升级（Young，1991；Humphrey 和 Schmitz，2002；Schmitz，2004；Gereffi，2009），江静和刘志彪（2010）通过研究得出，世界工厂的定位使中国生产性服务业缺乏有效市场的需求从而发展滞后。刘志彪（2011）认为，在全球价值链的基础上进行的国际代工的外向型经济增长模式，抑制了"长三角"地区经济增长对高级生产者服务业的需求。造成我国经济发达地区服务业比重偏低的原因，除了收入的影响外，与其深度参与全球产品内分工的特性有关："制造业全球化、服务业本地化"是普遍认为造成服务业比重偏低的主要原因。

曹慧平和于津平（2011）认为，中国依赖加工贸易的模式对国内生产性服务业的发展存在不利影响，加工组装的环节使得国内的既有要素资源不断转移至制造业部门，这对我国生产性服务业的发展产生了一定的挤出效应。刘书瀚等（2011）指出，以低廉的劳动力比较优势嵌入 GVC、不断引进外资、进口高端产品以及出口低端产品是我国出口导向型经济的特征，就是这种模式使得中国一直以来被压制在加工制造环节，再加上大量进口机器设备、外资在服务领域的垄断，这些都抑制了中国生产性服务业的发展，导致了国内生产性服务业的不断萎缩。肖文和樊文静（2011）、段国蕊和方慧（2012）都认为中国高度依赖加工贸易的模式，割裂和阻断了制造业与生产性服务业的产业关联与需求，因此，参与 GVC 分工只带来了制造业的发展繁荣，对服务业的发展并未产生积极的刺激作用。谭洪波和郑江淮（2012）分析认为，中国生产者服务业 TFP 增长率对整个服务业 TFP 增长率贡献偏低的原因一方面主要是中国的生产性服务业并没有真正完全融入全球化分工体系（LO 等，2009）。另一方面是由于国内生产性服务业市场还受到了来自发达国家生产性服务业的不断排挤。

然而，随着经济的不断发展与技术进步，中国在 GVC 中的作用不断增强，中国参与全球分工的现状在逐步改善，已经跨越低成本供应商的角色，而作为廉价外包对象国的地位也已弱化（马涛、王岚，2017），在全球价值链上不断升级。

首先，作为中国参与产品内分工重要实现形式的加工贸易在不断转型升级。随着全球经济再平衡，中国不断推进加工贸易转型，虽然加工贸易占比不断降低，但资本和技术密集型产业的加工贸易增长较快。近些年来，我国加工贸易形成了以机电产品为主的新格局，且加工贸易方式出口的比例中，高技术产品的出口比例大大超过了非高技术产品的出口比例，并仍处于不断增加的态势。贸易结构不断改善与优化，也说明中国在全球价值链的位置正在前移。

其次，事实上，近些年来沿海城市的部分企业通过“贸工技”“干中学”，增强了国内中间品的生产配套能力，形成了较为完整的产业链和产业集群，通过不断调整加工贸易产品结构，逐步进入关键零部件和核心技术的研发领域，成为国际分工体系中不可或缺的重要环节，取得了较大的收益。部分企业转向一些高科技产业的中间产品的生产和组装活动，如电子、计算机、通信以及生物制药等产业，提高了高技术含量产品和产品的附加值，使得服务在贸易占比中不断提高，带动了生产服务业的发展，逐步向价值链的中高端攀升，实现产业结构升级。因此，全球贸易的增长减速，我国加工贸易占比的下降正是全球价值链深度调整的结果，这对于提升中国全球价值链水平的正面效应会大于负面效应。

最后，过去中国承接国际产业转移，进行代工主要以外资引进为主，引进的外资多集中于制造业领域，而在服务业领域，引进外资的比例仍比较低。尤其是附加值较高的生产性服务业比例更低，存在着结构不合理、内部分布不平衡的现象。但这一状况正在发生改变：我国利用外资的结构也在不断拓展与优化，外商投资的重点正在从最初的主要集中在制造业领域，不断向服务领域倾斜和转移。当前，服务业实际使用外资占同期全国总量超过制造业的占比，服务业实际使用外资金额及增幅均超过制造业，制造业利用外资的规模与比重不断呈下降趋势，而服务业利用外资的规模与比重在不断上升，我国利用外资也正步入“服务经济时代”。

基于上述分析，本书提出：

理论命题1：初期中国是以低成本竞争优势嵌入欧美发达国家主导的全球价值链从事简单加工装配环节，主要依赖要素的传统粗放式加工贸易模式，并没有很明显地带动国内服务业尤其是生产性服务业的发展，甚至还在一定程度上对服务业的发展存在着一定的阻碍或抑制作用，但随着融入全球产品内分工程度的不断深化以及中国国际分工地位的逐步提高，还存在另一种促进服务业发展作用机制，两种不同的效应共同作用，会使产品内分工对中国服务业发展存在一种先抑制再促进的“U”形关系。

理论命题2：参与产品内分工除了对我国服务业的“量”具有积极影响外，还对我国服务业“质”的提升具有积极的作用，即产品内分工与我国服务业全要素生产率之间存在正向的相关关系。

4.3.2　制造业服务化与产业价值链提升双向作用机制

随着国际分工的深化，产品内分工的原理正在超越制造业的范围，对服务业进行生产和改造，工序国际分工不是个别行业的特例性或局部性现象，而是全球经济结构基本层面具有大局意义的当代国际分工（卢锋，2007）。犹如制造业参与国际分工体系一样，服务业的全球碎片化特征也日益明显，生产过程中服务的投入正成为全球价值链中重要的组成部分，大量服务业嵌入到商品生产中进行间接的出口，通过物化在商品中实现了可贸易。

由于制造企业在生产活动过程中越来越多地使用中间投入服务，这一过程被称为“制造业服务化”（Servitization）。制造业服务化是制造业与服务业融合发展的一种新形式，已成为全球制造业发展的新趋势。本书将中国参与国际分工与制造业服务化之间相互作用的机理分析如下：

（1）制造业服务化对产业价值链提升的影响机制

企业实现制造业服务化，与生产性服务业发展之间的存在着较密切的关系。生产性服务业在制造业部门不断渗透与扩张，会使企业不断延伸和细分产业链，日益向价值链两端的服务环节转移。而制造业服务化，就是制造业部门通过将现代服务要素渗透到制造业的各个环节，深化产业间的合作，实现融合，使制造企业由生产为中心向以服务为中心转变（Reiskin 等，1999）。制造业服务业化可分为投入服务化和产出服务化。制造业投入服务化是指服务在制造业投入中所占的比重，主要包括研发设计、原材料和零部件供应、物流与技术支持、信息咨询等方面；制造业产出服务化是指在全部产出中服务产品所占的比重，包括维修、保养、金融、租赁、保险、销售以及商务服务等方面。制造业服务化的过程，就是商业模式创新的过程，是价值链重构的过程，是竞争优势重塑的过程（连南杰，2015）。

可见，生产性服务业的兴起与发展对制造业服务化的过程具有非常关键的作用，也会对企业实现全球价值链的升级与优化产生深远的意义。刘志彪（2008）认为，在全球分工体系下，生产性服务业作为一种高级的生产要素，可以助推产业升级或产业集群升级。贾根良和刘书瀚（2012）认为，生产性服务业在 GVC 系统整合中处于非常关键的地位，中国制造业要想转型升级，必须依托巨大的国内市场，以生产性服务业为龙头，构建基于内需的国家价值链。刘斌、魏倩等（2016）运用海关进出口企业数据和中国工业企业数据库进行研究，认为制造业服务化加深了我国企业的 GVC 参与程度，提升了其 GVC 分工地位，金融、运输、分销与电信四类异质性服务化对企业价值链的影响存在差异，并从进一步分析微观企业的视角考察得出，制造业服务化有利于提高出口产品的质量和技术复杂度，对产品升级有利。

总体而言，一方面，企业可以通过制造业服务化，提高产品的附加值率，增强企业的核心竞争力和创新能力（Baines 等，2009b），培育新的竞争优势；另一方面，由于服务环节居于价值链的中高端，有助于产业结构优化升级和向 GVC 两端延伸。然而，目前国内生产性服务业发展水平不高，交通运输、批发零售与仓储等传统生产性服务业比重较高，而金融保险、科学技术和研究、软件信息等高端的生产性服务业相对缺乏，比重偏低。我国生产性服务业总体存在着内部结构不合理的情况，还不能有力地对制造业向价值链两端攀升提供强有力的支撑。

基于上述分析，本书提出：

理论命题 3：现阶段，我国制造业在价值链的跃升过程中仍缺乏国内现代生产性服务业的强有力的支撑，制造业服务化对我国价值链提升的影响效应不明确。

（2）参与产品内分工体系对制造业服务化的影响机制

袁志刚和饶璨（2014）基于全球投入产出模型考察了全球化对中国生产服务业发展的影响，研究发现，尽管全球化会造成国内生产最终产品的技术变动，进而抑制中国主要生产服务业的发展；但也会导致国外技术变动和国内及国外最终需求变动，这些会拉动中国生产服务业的发展。周昕和郑妍妍（2015）通过研究发现，产品分工格局下，来自处于价值链高端的发达国家的中间服务投入不仅会对国内制造业影响，还会通过技术人员的流动、竞争、模仿和示范等渠道对国内的服务业存在明显的技术溢出效应，从而使制造业部门能够获得更高技术水平的国内中间服务，而国内服务业技术水平的提升，又会通过间接效应促进制造业在全球价值链中的升级。这与 Markusen 和 James（2000）的观点——中间服务进口与国内中间服务两者之间存在互补而非替代的关系相一致。

本书认为，融入全球分工体系，企业在进口原材料、零部件等中间产品的过程中通过，“干中学效应”，不断进行模仿与吸收，可以增强国内中间品的生产配套能力，从而逐步进入关键零部件和核心技术的研发领域，有助于形成完备的产业链条，并且随着产业链的不断延伸与发展，产业分工协作不断深化发展，还会催生研发与设计、仓储物流、信息咨询、检测检验、金融、广告等部门，专门为本企业产品的生产提供增值服务。企业在生产过程中不断导入服务要素，从加工制造环节向创造服务价值的领域拓展，提高生产过程的效率，为企业实现投入服务化创造了有利的条件。制造业服务化与价值链提升之间存在着相互促进、相互依赖的双向作用机制（见图 4.2）。

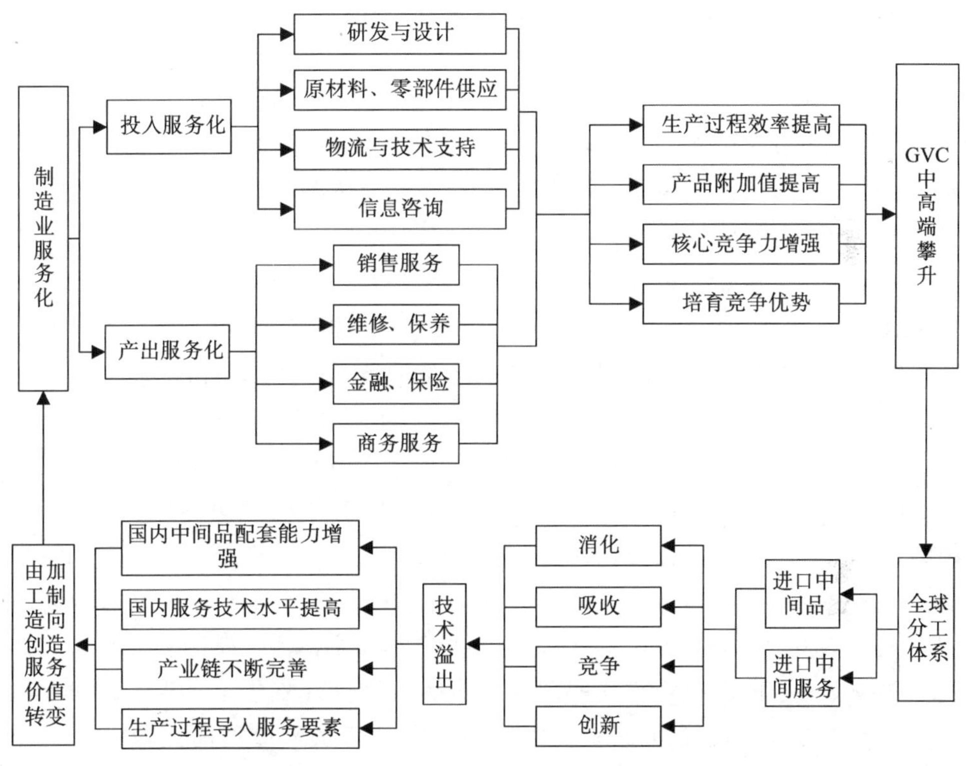

图 4.2　制造业服务化与全球价值链提升双向作用机制

制造业服务化的发展会极大地推进全球价值链的进一步优化与提升，而全球价值链的融入和升级反过来又会推动生产性服务业的发展和制造业服务化的提高。高新技术产业与中低技术产业的嵌入全球价值链的程度不同，使得其与制造业服务化的交互效应会表现出行业的异质性，由此得出理论命题 4 和理论命题 5。

理论命题 4：随着融入全球分工体系的深化，中国通过进口中间产品“干中学”以及技术溢出效应，不断完善国内产业链，能够对国内的生产服务业产生积极的影响，推动企业从加工制造环节向创造服务价值的领域拓展，提高企业的制造业服务化水平。

理论命题5：在高技术制造业部门中，制造业服务化与价值链提升之间存在相互促进、相互依赖的互补关系。而中低技术制造业部门参与全球分工与制造业服务化的关系不明确。

4.3.3 构建自我主导的分工体系对服务业发展的影响机制

在以美、欧、日为主导的分工体系中，关于中国实现GVC的攀升，促进服务业发展的研究，本书大致梳理出以下几个方面：第一，大多数学者的研究是结合“微笑曲线”围绕“功能升级”这个视角展开。现有研究大致集中于以下方面：有的主张向“微笑曲线”的两端延伸，即主张从加工制造环节向“微笑曲线”上游的研发设计升级或下游品牌营销渠道攀升（张辉，2004；刘志彪，2005；张向阳、朱有为、孙津，2005；杨桂菊，2006；汪建成、毛蕴诗，2007，朱瑞博，2011）；有的主张将上游的技术推动与下游的需求拉动结合起来，提出可以将两大动力融合起来形成产业升级的“第三条路径”（徐康宁、冯伟，2010；王昌盛、周绍东、钱书法，2014）；提出模块化的升级路径，即在“功能架构”基础上纳入了“产品架构”维度（唐春晖，2010；刘维林，2012）。第二，国内知名学者刘志彪提出了基于内需经济的“第二波全球化”，主张构建区域价值链（Regional Value Chains，RVC）、国内价值链（National Value Chain，NVC）。认为发展中国家摆脱GVC背景下被俘获关系的出路在于基于国内市场空间的国内价值链的培育（刘志彪、张杰，2007）。主张从被“俘获”的全球价值链中突围，构建国家价值链的产业升级机制（刘志彪、张杰，2009；张少军、刘志彪，2013）。第三，关于嵌入全球创新链（Global Innovation Chain，GIC），实现产业升级的探讨。刘志彪（2013）提出，中国参与第二波全球化战略的重点，就是基于庞大的内需，不断促使企业从加入全球价值链而逐步迈向嵌入全球创新链。

综上可知，嵌入欧美主导的产品内分工体系，实现中国产业升级，促进服务业发展的思路主要集中于两个大的方向：一方面是针对嵌入发达国家主宰的GVC如何突围，向“微笑曲线”的两端延伸，或在此基础上考虑模块化的升级路径；另一方面文献集中于如何在GVC的基础上，构建RVC或NVC，继而嵌入全球创新链GIC，实现产业转型升级。但在这一全球生产体系中，起支配地位和作用的仍是发达国家跨国公司，如果长期依赖这条“旧”路径，中国不断丧失行为的主动性，从而导致不断偏离长期升级的轨道。

因此，在世界经济格局正深度调整，新形势下价值链升级仅通过单一的“微笑曲线”的两端延伸是远远不够的，价值链应该是纵横交织的全球网络化布局，国际分工体系也应呈现多元化布局。除了积极融入现有发达国家主导的分工体系外，参与产品内分工体系对国内服务业的影响，还存在一条新的路径和影响机制——积极构建自我主导的国际生产经营网络促进国内服务业的快速提升。

过去中国为了推进工业化进程，面临的比较典型的两个瓶颈是资金短缺和外汇短缺同时并存的“双缺口”格局。中国的对外开放战略就是出口创汇战略，无论是出口，还是引进外资都紧紧围绕着这一核心目标展开。而如今这种“双缺口”的格局得到了根本的改变。目前中国对外直接投资（Outward Foreign Direct Investment，OFDI）迅速发展，规模不断扩大，正处于邓宁（J. H. Dunning，1982）所说的资本大规模输出的历史发展阶段，成为资本净输出国。同时，资产规模和结构调整都发生了很大的变化，吸收外资规模、货物贸易规模、外汇储备资产规模等都为开放型经济的发展提供了充裕的本金支持。这对中国的意义重大，标志着中国推进工业化早期遇到的资金短缺、外汇短缺的“双缺口”时代彻底结束，将进入国内资金相对充裕的“双剩余”时代，也意味着中国有条件在全球范围内配置各种要素资源，打造全球价值链和产业链。

中国经济发展步入全面重构的新阶段之时，可以充分利用“两个市场、两种资源”，逐步实现嵌入与拓展攀升相结合、构建 GVC 与重构 NVC 相结合，改变中国在全球价值链中的低端位置，促进国内服务业快速发展，推动中国产业向全球价值链高端跃升。结合发达国家与发展中国家的特点，提出两种不同布设网络的路径，达到促进服务业发展的目标。

（1）面向发展中国家：依托工业园区的产业链嫁接，为国内服务业腾挪空间

①产业外迁：促进中国制造业“第二次腾飞”。按照日本学者小岛清（Kiyoshi Kojima）1978 年提出的“边际产业扩张”理论（Expansion Theory of Marginal Industry），一国对外直接投资应该从“边际产业”（在母国已经或即将丧失优势，而在东道国却具有成本优势和市场潜力的产业）依次开始，通过这种方式将国内的比较劣势的产业转移到其他国家。随着劳动力和土地等

要素价格的不断攀升，中国一些具有传统优势的劳动密集型制造业，如纺织业、服装、鞋业、食品、玩具、冶炼、化工、医药、电子、建材等成本优势逐渐丧失，在国际市场的低成本竞争力不断下降，中国的劳动密集型产业只有将生产环节转移到海外，才能实现制造业的“第二春”。从中国目前的整体发展水平来看，国内成本优势渐失的产业，在那些发展程度尚不如中国的国家可能是具有现实或潜在比较优势的产业。因此，对于发展中国家，比如非洲、拉美和东南亚等一些国家和地区，中国可以将这些国内发展成熟、生产能力相对过剩、成本不断提高的加工制造业和劳动密集型产业作为重点输出产业，输出到上述经济体。

如今，中国正面临“去产能化”的现状，实施新一轮高水平对外开放正是将部分产能转移至海外的良机，产业外迁将给中国劳动密集型产业的“第二次腾飞”提供一个很大的载体，也将给我国产业转型升级提供巨大的机遇。

②依托境外工业园区，打造我国企业主导的区域分工体。产业外迁，若一家企业在国外投资设厂，很难形成完整的产业链，成本高，风险大。可以依托工业园区的模式，完善园区基础设施和配套服务，并充分利用东道国吸引外资的各项优惠措施，“嫁接”中国的产业链。依托工业园区在这些国家能很快形成生产能力，让低成本优势再次焕发生命，逐步形成我国企业主导的区域或全球分工体系。另外，东南亚、非洲等几个地区也可以利用中国几十年出口形成的国际销售渠道的优势，加大产品的出口，实现经济发展的工业化水平的提高。

向更低成本的发展中国家进行产业转移，实质上是可以保留中国 40 多年来已经积累的优势，即把大量的中间产品、机器设备、关键零部件等附加值高的环节仍然保留在国内，这样可以防止“产业空心化”（Hollowing Out）问题。可以将服装、制鞋、玩具等成熟的制造业产业转移出去，促进国内释放的生产要素向高端产业和附加值更高的新兴产业聚集，为研发、设计、金融、营销、品牌等服务业腾挪空间，从而实现产业优化升级。另外，企业可以灵活地绕开贸易壁垒，进入当地市场，并通过带动相关产品和服务的出口，促进贸易结构升级，实现产业升级。

（2）面向发达国家：获取技术、品牌、营销网络，促进服务业发展

面对欧美等发达国家，中国一些有国际竞争力的大型企业可以依托自身充裕的资金和国内产业链配套等方面的优势，通过跨国并购等方式获取技术、营销网络、品牌等海外优质资产，逐步向全球价值链的中高端攀升。

①布设海外研发网络。中国有实力的大型企业可以通过在发达国家的技术密集地区建立海外研发机构与研发中心或者收购、兼并境外研发中心，并采取各种激励措施吸引国内外优秀科技人才。

企业在布设海外研发网络时，可以根据自身的国际化经验以及技术自主创新能力等多方面因素，灵活选择各种方式（见表4.1）。一方面，企业通过跨国并购或组建战略技术联盟可以打破发达国家的技术封锁，利用当地的人才、技术、信息等智力资源，使研发国际化，可以帮助企业快速获得先进技术和国际先进水平的自主知识产权，提高技术水平。另一方面，通过向国内的转移和扩散，带动国内知识、技术密集型高端产业的发展，实现国内技术进步与产业结构优化升级。

表4.1　　企业自身条件及布设海外研发网络的方式

企业自身的条件	布设海外研发网络的方式
国际化经验缺乏、技术需求强烈	跨国技术联盟方式
国际化经验充足、自主创新基础较好	先绿地建设境外研发网络，再开展跨国并购和技术合作
具备国际化经验、自主创新基础薄弱	跨国并购方式
国际化经验缺乏、自主创新基础较好	研发外包方式。通过外包方式吸收部分外部企业加入价值链或产业链

②布局海外营销网络。境外营销网络是企业通过在发达国家建立地区性营销中心，开设品牌连锁或并购海外销售渠道等方式，建立起跨国界的从事国际营销和服务的市场拓展体系。企业设立海外营销网络体系，将有助于大型跨国公司的培育，从而扩大企业技术含量较高产品的出口，提升企业品牌知名度，从而增强企业的国际竞争力，使企业逐步向价值链的中高端攀升。企业在全球营销网络布局的过程中，可以选择培育当地代理商和经销商的方式，或通过并购国外企业的营销渠道，快速进入海外市场，或选取直营或特许经营发展模式，实施以加盟为主的海外发展策略，还可以通过货物和服务贸易融合的方式建立。

③建设品牌，开拓市场。在嵌入发达国家主导的GVC下，中国企业是以“中国制造”（Made in China）和“贴牌生产”OEM（Original Equipment Manufacturing）的方式从事国际代工，只能赚取微薄的加工费，“广种薄收”。发达国家则利用拥有的世界品牌赚取了成倍的利润。贴牌生产，就是中国企业

为国外名牌企业打工，是落后为先进者打工。过分地依赖 OEM，使国内企业片面追求低价，越来越处于国际产业链条的从属地位。另外，从 OEM 国际代工，由于发达国家技术屏蔽，企业很难形成自主知识产权技术体系和核心技术，企业缺乏核心竞争力，这些也都成为企业“走出去”的致命的弱点。新一轮高水平开放下，中国要掌握国际分工主导权、主动权，就必须注重品牌建设，实施品牌全球化战略。企业大规模“走出去”，进行海外拓展，向产业链高端拓展可以采取以下几条路径：打造一批自主品牌 OBM（Own Brand Manufacture）；并购或参股境外企业及国际知名品牌，收购后使用对方的品牌以开拓当地市场；建立品牌联盟，如与国外品牌合资，借用洋品牌成熟的渠道走向国际市场。

4.4 本章小结

本章主要从理论层面来阐述参与产品内分工对服务业影响的作用机理。借助 Dixit 和 Grossman（1982）多阶段生产（Multistage Production）模型阐述了产品内分工的原理，并在此基础上动态分析了产品内分工影响不同国家服务业发展的机制，进一步分析了产品内分工对中国服务业发展的影响机制，主要包括产品内分工对中国服务业发展存在先抑制后促进的作用机制、国际分工体系下产业价值链提升与制造业服务化双向作用机制以及构建自我主导的产品分工体系影响服务业发展的机理三个方面，从而提出了相应的研究假设。在本书后续的章节中，第 5 章至第 7 章将进行实证部分的检验。其中，第 5 章主要检验理论命题 1，第 6 章检验理论命题 2，第 7 章验证理论命题 3 至理论命题 5。

第5章

产品内分工对中国服务业规模效应与结构优化的影响

——基于中国省级动态面板系统GMM方法的实证研究

5.1　引言

在全球分工体系下，加工贸易是许多国家参与产品内分工的重要实现形式（Robert J. Carbaugh，1998；Daniel M. Bernhofen，1999），中国长期以来正是以加工贸易的方式承接国际产业转移，融入全球生产网络体系。根据 Wind 资讯数据，中国加工贸易进出口总额从 1995 年的 1321.33 亿美元上升至 2015 年的 12471.61 亿美元，加工贸易总量的不断增长表明了中国参与产品内分工程度的不断深化，中国在全球贸易体系中的地位日益彰显（见图 5.1）。2007 年之后全球经济面临再平衡，全球价值链步入深度调整期，中国一般贸易比重不断上升，而加工贸易的比重却在不断下降。2008 年，一般贸易占对外贸易的比重为 53.79%。加工贸易占比为 45.93%，可以看出，一般贸易占比超过了加工贸易占比，并呈不断上升的发展态势，而加工贸易不断下降，2005 年至 2015 年，中国加工贸易从 53.65% 下降到了 36.15%，大致每年平均下降近 1 个百分点（见图 5.2）。

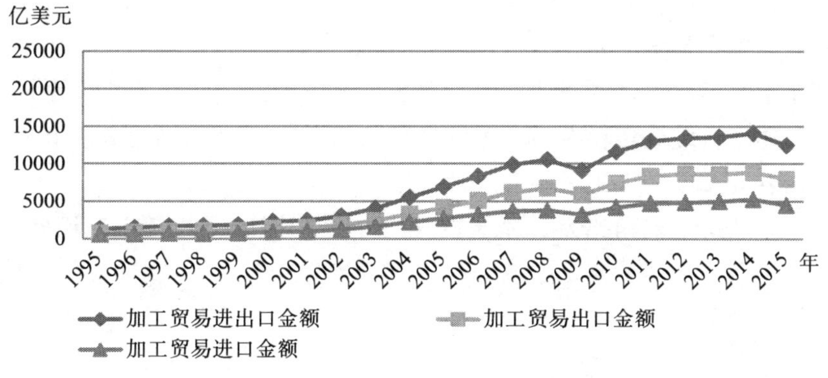

图 5.1　中国历年加工贸易情况

数据来源：Wind 资讯，作者整理绘制。

加工贸易一直以来扮演着处于全球价值链低端的利润最薄弱的角色。中国以加工贸易的模式参与产品内分工与我国服务业以及生产性服务业之间存在着什么关系，是学术界备受关注的问题。现有大量的研究一般都认为，中国加工贸易的发展使生产要素向制造业转移，对生产性服务业产生了挤出效应

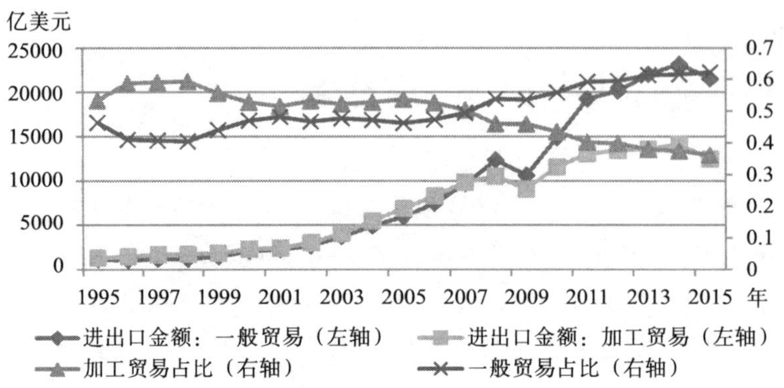

图 5.2 加工贸易与一般贸易对比

数据来源：Wind 资讯，作者整理计算绘制。

(曹慧平、于津平；2011)。中国这种高度依赖一般加工制造环节和加工贸易的模式，割裂了制造业与生产性服务业的产业关联，只带来了制造业的发展繁荣，对服务业的发展并未产生积极的刺激作用（段国蕊、方慧，2012）。世界工厂的定位使中国生产性服务业缺乏有效市场的需求从而发展滞后（江静、刘志彪，2010），中国的生产者服务业并没有融入全球化的分工体系中去（LO 等，2009；谭洪波、郑江淮，2012）。然而，中国融入全球生产网络对中国服务业的现实影响，不应仅仅只是一方面的割裂关系，近些年来，中国加工贸易比重的不断下降说明什么？随着融入全球产品内分工程度的不断深化，除了抑制作用，应该还存在另一种促进作用机制，两种不同的效应共同作用，会使得两者的关系呈现出一种非线性关系。

本章将从这一视角出发，基于前文理论分析框架，通过实证检验产品内分工对我国服务业的“量”的影响。

5.2 现实依据：基于投入产出法的制造业服务投入率测算

关于生产性服务业的界定，国外学者 Goodman 和 Steadman（2002）最早用“中间需求率”这一指标来对生产性服务业进行界定，他们将服务业中该指标高于 60% 的部门界定为生产性服务业，低于 40% 的部门界定为面向消费者的服务业。计算公式表达如下：

$$G_i = \frac{\sum_{j=1}^{n} x_{ij}}{\sum_{j=1}^{n} x_{ij} + Y_i} \quad (i = 1,2,\cdots,n) \tag{5.1}$$

其中：G_i 表示国民经济各产业部门对第 i 产业部门的“中间需求率”；$\sum_{j=1}^{n} x_{ij}$ 表示国民经济各产业部门对第 i 产业部门产品的中间需求之和；$\sum_{j=1}^{n} x_{ij} + Y_i$ 表示第 i 产业部门的总产值。该指标介于 0 ~ 1 之间，数值越高，表明该产业就越具有中间品投入的属性。

国内很多学者往往借助中国投入产出表分析（李冠霖，2002）。高传胜、李善同（2007）则基于 1987 ~ 2002 年的投入产出表，采用“中间使用率”与“非居民最终消费比率”两个指标的平均值来进行判断。将高于两者平均值的行业确定为生产者服务业，反之确定为消费者服务业。江静、刘志彪（2010）采用了“服务资本品率”来反映服务的中间投入性质，并结合中国 2002 年投入产出表和 2005 年投入产出表延长表进行计算，将两年次高于 50% 的服务行业界定为生产性服务业。这种界定方法可操作性比较强，也能更突出生产性服务业“中间投入”性质的内涵。

因此，本书也沿用这一思路来界定，但本书与以往学者的界定该方法有所不同。本书利用国家统计局颁布的 2002 年、2005 年、2007 年、2010 年、2012 年 5 张 42 部门的全国型投入产出表（延长表）分别计算了其中服务行业的中间需求率，并计算了中间需求率的均值，采取均值大于 50% 的服务行业界定为生产性服务业（见表 5.1）。

由于这 5 张表之间的统计口径有所不同，本书进行了部门的合并与调整。其中 2012 年的投入产出表 14 个服务业部门与统计局的行业分类标准一致。为了分析的方便，将其余年份（16 部门）以 2012 年为标准进行归类为 14 部门，将交通运输、仓储和邮政业归为一个大类。2005 年、2007 年、2010 年投入产出表中的研究与实验发展业、综合技术服务业合并统一与 2012 年科学研究和技术服务业对应，其中间需求率的占比在 2002 年、2005 年比例为 38.95%、42.98%，但在 2005 年后，该比例上升幅度较大，且均超过 60%。信息传输、软件和信息技术服务在 2002 年、2005 年、2007 年的中间需求率均在 50% 以上甚至更高，但在 2010 年与 2012 年这一比例小于 50% 左右，但均值比例仍大于 50%。因此，综合各年份来动态分析，采用均值比例大于 50% 的方法更为合理。

表 5.1　　2002～2012 年中国 14 个服务业部门中间需求率（%）

服务业行业	2002 年	2005 年	2007 年	2010 年	2012 年	均值
批发和零售	62.76	51.00	51.03	54.24	58.68	55.54
交通运输、仓储和邮政	74.76	73.14	77.46	89.85	78.87	78.82
住宿和餐饮	47.19	61.22	57.41	63.86	52.13	56.36
信息传输、软件和信息技术服务	76.96	67.75	54.99	48.60	44.12	58.48
金融	86.24	75.93	74.72	77.47	82.31	79.34
房地产	28.23	20.35	24.90	20.41	28.11	24.40
租赁和商务服务	86.69	89.60	77.86	75.25	89.65	83.81
科学研究和技术服务	38.95	42.98	79.48	73.37	68.32	60.62
水利、环境和公共设施管理	33.92	44.48	31.23	27.53	25.30	32.49
居民服务、修理和其他服务	21.22	46.41	49.55	46.85	49.87	42.78
教育	7.05	9.65	9.88	3.87	6.32	7.35
卫生和社会工作	7.76	13.86	9.53	7.01	2.20	8.07
文化、体育和娱乐	37.96	49.66	52.50	53.24	44.55	47.58
公共管理、社会保障和社会组织	0.00	0.00	0.86	0.90	3.68	1.09

资料来源：作者根据历年投入产出表计算所得。

基于上述测算与分析，本书界定所研究的生产性服务业，包括批发和零售业、交通运输、仓储和邮政服务业、住宿和餐饮业、信息传输、软件和信息技术服务业、金融业、租赁和商务服务业以及科学研究和技术服务业 7 个大类。本书所得分类与柯善咨、赵曜（2014）根据《中国 2007 年投入产出表》，从 14 个服务业部门中选取制造业对其消耗系数较高的 7 个服务业部门作为生产性服务业代表的分类一致。

消费性服务业包括：房地产业、居民服务、修理和其他服务业以及文化、体育和娱乐业 3 个部门。公共服务业包括：水利、环境和公共设施管理业、教育事业、卫生和社会工作事业以及公共管理、社会保障和社会组织 4 个部门。

在明确服务业及生产服务业的前提下，本书进一步计算历年来制造业服务的中间投入率（见表 5.2）。

表 5.2　　2002～2012 年分类服务业对制造业的中间投入率（%）

	服务业投入率					生产性服务投入率				
名称	2002 年	2005 年	2007 年	2010 年	2012 年	2002 年	2005 年	2007 年	2010 年	2012 年
0	17.36	14.50	10.73	11.78	13.97	16.06	13.08	9.72	10.87	13.19
1	17.24	13.56	11.86	12.30	15.00	16.26	12.26	11.10	11.66	14.49
2	13.53	10.00	7.88	8.24	9.69	12.45	8.79	7.01	7.45	9.21
3	19.37	17.46	11.23	12.40	16.20	17.67	15.08	9.50	10.76	15.68
4	20.14	16.87	11.83	12.69	12.52	18.91	15.65	10.70	11.70	11.89
5	20.76	17.11	11.02	12.34	15.05	19.23	15.50	9.63	10.93	14.09
6	12.66	13.26	7.56	6.19	6.42	11.67	12.42	7.23	5.97	6.04
7	16.22	13.24	10.88	12.51	13.90	14.89	11.83	9.98	11.65	13.16
8	26.60	19.99	15.13	15.77	15.62	24.96	18.24	13.78	14.67	14.69
9	14.99	10.92	8.86	8.99	9.28	13.88	9.65	8.23	8.48	8.80
10	17.33	14.30	9.60	10.63	13.24	15.93	12.87	8.38	9.54	12.27
11	17.67	15.17	11.52	13.00	15.83	16.33	13.65	10.25	11.95	14.78
12	14.51	13.19	10.48	11.91	16.43	13.52	11.93	9.68	11.24	15.38
13	17.97	15.55	10.98	12.97	13.50	16.86	14.47	10.12	12.17	12.68
14	13.25	11.38	11.35	13.79	15.35	12.51	10.51	10.81	13.23	14.68
15	16.08	14.67	10.58	12.53	17.25	13.63	12.24	9.48	11.48	16.15
16	19.38	15.38	10.89	12.28	18.19	18.18	14.16	9.67	11.09	17.08
	消费性服务投入率					公共性服务投入率				
名称	2002 年	2005 年	2007 年	2010 年	2012 年	2002 年	2005 年	2007 年	2010 年	2012 年
0	0.54	1.04	0.72	0.69	0.58	0.76	0.39	0.29	0.22	0.19
1	0.33	0.64	0.56	0.51	0.40	0.65	0.66	0.20	0.14	0.12
2	0.34	0.91	0.60	0.55	0.24	0.74	0.30	0.28	0.23	0.24
3	0.77	1.19	1.55	1.51	0.42	0.93	1.19	0.18	0.13	0.10
4	0.73	0.97	0.90	0.83	0.50	0.50	0.24	0.23	0.16	0.13
5	0.64	1.20	0.93	0.90	0.65	0.89	0.41	0.46	0.51	0.32
6	0.13	0.71	0.22	0.15	0.23	0.86	0.13	0.11	0.07	0.15
7	0.46	1.07	0.67	0.64	0.48	0.87	0.33	0.23	0.22	0.26
8	0.67	1.35	0.95	0.83	0.74	0.97	0.40	0.40	0.28	0.19
9	0.13	0.88	0.42	0.36	0.32	0.98	0.39	0.20	0.15	0.16
10	0.44	1.03	0.81	0.79	0.79	0.95	0.40	0.41	0.29	0.17
11	0.45	1.03	0.69	0.68	0.83	0.90	0.50	0.58	0.38	0.21
12	0.26	0.73	0.42	0.40	0.79	0.73	0.53	0.38	0.26	0.25
13	0.52	0.95	0.53	0.55	0.67	0.60	0.13	0.32	0.25	0.14

续表

	消费性服务投入率					公共性服务投入率				
名称	2002 年	2005 年	2007 年	2010 年	2012 年	2002 年	2005 年	2007 年	2010 年	2012 年
14	0.40	0.70	0.41	0.46	0.51	0.34	0.17	0.13	0.10	0.16
15	1.68	2.13	0.75	0.79	0.90	0.77	0.29	0.34	0.26	0.21
16	0.77	1.06	1.09	1.10	0.83	0.43	0.15	0.14	0.09	0.27

资料来源：作者根据投入产出表进行计算整理所得①。

其计算公式表达如下：

$$F_j = \frac{\sum_{i=1}^{n} x_{ij}}{\sum_{i=1}^{n} x_{ij} + D_j + N_j} \quad (i = 1,2,\cdots,n) \tag{5.2}$$

其中：F_j 表示第 j 产业部门的中间投入率，表示该部门在生产过程总的投入中来自其他行业部门中间投入的比重；D_j 表示该行业部门的固定资产（含折旧）费用；N_j 表示创造的新价值，包括劳动报酬与社会纯收入等。该指标也介于0和1之间，中间投入率越高，表明该产业在生产过程中，每单位产品的产出中所需要来自国民经济其他行业部门的中间品或原材料投入的比重就越高。

由于生产过程中总的中间投入包含物质中间投入与服务中间投入，而本书主要关注服务中间投入率。为了简便计算，本书将投入产出表中14个服务业部门的投入加总，并计算其占中间投入的比重，便得到了服务业投入率。将7个生产性服务业部门的投入加总，占中间投入的比重，就是生产性服务投入率。同理，也得到了消费性服务投入率和公共性服务投入率。

为了便于分析，我们将以上的测算结果部分绘图如图5.3所示。

通过表5.2和图5.3可知，除木材加工及家具制造业、石油加工、炼焦及核燃料加工业服务的中间投入率呈下降变化趋势外，其余14个制造业部门服务的中间投入率均呈现为先下降后上升的“U”形变化轨迹，进一步加权

① 注：表中数字代表不同的制造业类型：0. 整体制造业（加权平均）；1. 食品制造及烟草加工业；2. 纺织业；3. 服装皮革羽绒及其制品业；4. 木材加工及家具制造业；5. 造纸印刷及文教用品制造业；6. 石油加工、炼焦及核燃料加工业；7. 化学工业；8. 非金属矿物制品业；9. 金属冶炼及压延加工业；10. 金属制品业；11. 通用、专用设备制造业；12. 交通运输设备制造业；13. 电气、机械及器材制造业；14. 通信设备、计算机及其他电子设备制造业；15. 仪器仪表及文化办公用机械制造业；16. 其他制造业（含废品废料）。

平均汇总得出的整体制造业的变化趋势也如此。所有制造业部门的消费性服务业和公共性服务业投入率都比较平稳，变化不大。本书实证部分将重点考察中国制造业参与全球分工体系与国内生产性服务业发展之间是否存在这种“U”形的非线性关系。

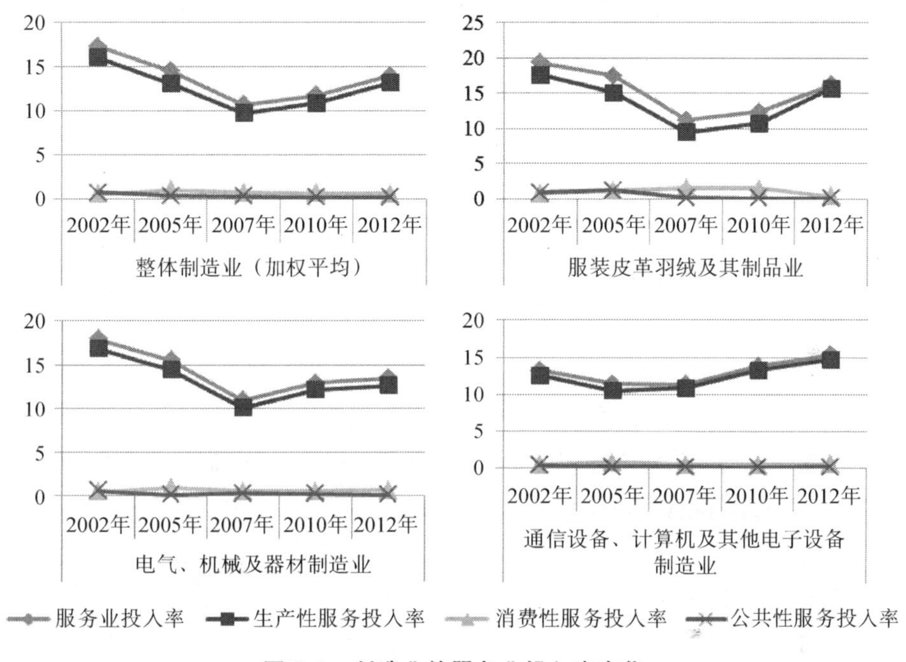

图 5.3　制造业的服务业投入率变化

注：16 个制造业部门进行加权平均数汇总得出整体制造业的变化趋势图。由于篇幅限制，本书仅绘制部分图。

5.3　变量选取、计量模型及数据说明

5.3.1　计量模型的设定与变量的说明

本章的重点是考察产品内分工背景下，制造业参与全球分工体系对国内生产性服务业的影响，由此，构建本书的基准回归模型如下：

$$PROSER_{it} = \alpha + \beta\, GVC_{it} + \delta\, X_{it} + \theta_i + \varepsilon_{it} \qquad (5.3)$$

其中，下标 i 表示省份；t 表示年份；$PROSER_{it}$表示各省、区、市的生产

性服务业发展水平；GVC_{it}表示各省、区、市的产品内分工的参与程度；X_{it}为其他控制变量；θ_i 表示不可观察的省份效应；α 为常数项；β 和 δ 是估计系数；ε_{it}为随机误差项。

（1）被解释变量的选取

本书被解释变量为生产性服务业的发展水平。由于统计数据的可得性，本书所要衡量的生产性服务业水平不能由所有生产性服务业来衡量，而选取数据完备的交通运输、仓储和邮政业，批发和零售业，金融业，住宿和餐饮业、四类服务业的增加值之和占地区 GDP 的比重（$PROSER_{it}$）来表示。

（2）解释变量的选取

本书的核心解释变量是产品内分工的参与程度 GVC_{it}。在国内官方统计口径中，加工贸易主要包括来料加工装配贸易与进料加工贸易两大部分。本书使用各省、区、市历年加工贸易进出口总额占总的对外贸易的比重来衡量各地区参与产品内分工的程度。

（3）其他控制变量的选取

①经济发展水平（$PGDP_{it}$）。用人均国内生产总值来表示。②城市化水平（URB_{it}）。本书用各地区户籍统计人口数据中非农业人口占总人口的比重来衡量城市化水平。③工业化水平（IND_{it}）。采用各地区工业增加值占 GDP 的百分比来衡量工业化水平。④人力资本（HUM_{it}）。人力资本是影响服务业与生产性服务业发展的重要因素，本书采用人均受教育年限来测度人力资本（陈钊等，2004）。用（大专以上文化程度年数 ×16 + 高中文化程度年限 ×12 + 初中文化程度年限 ×9 年 + 小学文化程度年限 ×6 年 + 文盲 ×0 年）/6 岁以上总受教育人口，经过算术加权来衡量总体人力资本。⑤经济开放程度（$OPEN_{it}$）。用各地区的进出口总额占地区 GDP 的比重来表示。⑥外商直接投资（FDI_{it}）。用各地区的外商直接投资额占地区 GDP 的比重来衡量。⑦政府干预程度（GOV_{it}）。用各地区的财政支出占地区 GDP 的比重来衡量。

由前文的测算与分析可知，中国制造业参与国际分工对生产性服务业的影响可能是非线性的，故本书在回归方程中加入产品内分工程度的平方项来考察这种非线性关系。同时，考虑到上期的服务业发展水平对本期的影响，服务业发展具有“惯性”，故引入被解释变量滞后一期的值，构建动态估计方程进行分析，进一步的计量模型如下：

$$PROSER_{it} = \alpha + \gamma PROSER_{it-1} + \beta_1 GVC_{it} + \beta_2 GVC_{it}^{\ 2} + \delta_1 PGDP_{it} + \delta_2 URB_{it} + \delta_3 IND_{it} + \delta_4 HUM_{it} + \delta_5 OPEN_{it} + \delta_6 FDI_{it} + \delta_7 GOV_{it} + \theta_i + \varepsilon_{it} \quad (5.4)$$

针对以上动态模型，由于解释变量含有被解释变量的一阶滞后项，存在内生性的问题，因而固定效应模型 FE 是不一致的，往往容易带来“动态面板偏差”（dynamic panel bias）。为此，考虑动态面板模型的估计，Arellano 和 Bond（1991）提出用差分 GMM（Difference GMM）进行估计，但此方法极易出现弱工具变量的问题。Blundell 和 Bond（1998）同时将差分 GMM 方法与水平 GMM 方法结合起来进行考虑，用系统 GMM（System GMM）的方法进行估计，较好地克服了弱工具变量的问题。本书采用系统 GMM 对动态面板模型，并选择“两步法”进行估计。同时由于产品内分工程度与生产性服务业发展之间可能存在着反向因果关系，控制变量也有可能导致内生性问题的存在，会对结果产生偏误。因此，本书将解释变量和控制变量作滞后一期处理再进行回归。这样便能较好地避免由于互为因果而导致的内生性偏误问题。

本书的实证分析主要关注 GVC_{it}和 GVC_{it}^2的符号与显著性。根据第一部分现实依据的分析，β_1 应显著为负，β_2 则应显著为正。

5.3.2 数据的来源与说明

鉴于数据的可得性，本书剔除西藏样本，由于服务业增加值的数据到 2004 年以后才有统一口径完整的数据，因此，本书利用 2004～2012 年 30 个省、区、市的面板数据进行计量分析。变量的原始数据主要来源于中经网统计数据库、中国统计局网站、国研网统计数据库、《中国人口和就业统计年鉴》《中国财政年鉴》以及各省、区、市历年统计年鉴、统计公报。人均 GDP 指标根据历年 CPI 指数折算成以 2004 年为基期的不变价格，并经过取对数处理。各地区的进出口总额以及外商直接投资额的数据进行了基期处理和汇率换算。变量说明如表 5.3 所示。

表 5.3　　主要变量的描述性统计分析

主要变量名称	变量符号	单位	观测值	均值	标准差	最小值	最大值
生产性服务业发展水平	PROSER	%	270	0.204	0.0514	0.131	0.463
产品内分工程度	GVC	%	269	0.222	0.169	0.00230	0.6869
经济发展水平	LNPGDP	元	270	9.854	0.582	8.321	11.15
城市化水平	URB	%	270	0.389	0.169	0.158	0.898
工业化水平	IND	%	270	0.397	0.0784	0.173	0.529

续表

主要变量名称	变量符号	单位	观测值	均值	标准差	最小值	最大值
人力资本	HUM	%	270	8.404	0.955	6.378	11.84
经济开放度	OPEN	%	270	0.349	0.432	0.0357	1.722
外商直接投资	FDI	%	270	0.0260	0.0202	0.0007	0.0819
政府干预程度	GOV	%	270	0.191	0.0835	0.0792	0.612

5.4 实证结果分析

5.4.1 生产服务业整体回归

（1）静态面板固定效应估计

本书先考虑静态面板模型，通过 Hausman 检验，拒绝了随机效应模型，采用固定效应模型。估计结果如表 5.4 所示。

表 5.4 生产性服务业总体水平固定效应逐步回归结果

主要变量	FE	FE	FE	FE	FE	FE	FE	FE
	(1)	(2)	(3)	(4)	(5)	(6)	(7)	(8)
GVC	0.0106	0.0002	-0.0186	-0.0496	-0.0647	-0.1171***	-0.1118***	-0.1049**
	(0.048)	(0.045)	(0.046)	(0.040)	(0.041)	(0.042)	(0.042)	(0.044)
GVC^2	-0.1481*	-0.0883	-0.0711	0.0250	0.0497	0.1932**	0.1958**	0.1863**
	(0.084)	(0.081)	(0.081)	(0.071)	(0.071)	(0.079)	(0.079)	(0.081)
PGDP		0.0190***	0.0202***	0.0445***	0.0372***	0.0343***	0.0347***	0.0327***
		(0.004)	(0.004)	(0.005)	(0.006)	(0.006)	(0.006)	(0.007)
URB			0.0370*	0.0492***	0.0554***	0.0493***	0.0475***	0.0479***
			(0.019)	(0.017)	(0.017)	(0.016)	(0.016)	(0.016)
IND				0.3669***	0.3605***	0.3466***	0.3422***	0.3471***
				(0.044)	(0.044)	(0.043)	(0.043)	(0.044)
HUM					0.0096*	0.0095**	0.0086*	0.0083*
					(0.005)	(0.005)	(0.005)	(0.005)
OPEN						-0.0559***	-0.0569***	-0.0569***
						(0.015)	(0.015)	(0.015)

续表

主要变量	FE	FE	FE	FE	FE	FE	FE	FE
	(1)	(2)	(3)	(4)	(5)	(6)	(7)	(8)
FDI							-0.1400 (0.118)	-0.1384 (0.118)
GOV								0.0269 (0.045)
常数项	0.2114 *** (0.005)	0.0227 (0.040)	-0.0005 (0.041)	-0.3920 *** (0.059)	-0.3987 *** (0.059)	-0.3408 *** (0.059)	-0.3325 *** (0.059)	-0.3189 *** (0.064)
F 检验	7.08 (0.0011)	46.25 (0.0000)	10.71 (0.0000)	25.38 (0.0000)	22.09 (0.0000)	22.14 (0.0000)	19.59 (0.0000)	17.40 (0.0000)
Observations	239	239	239	239	239	239	239	239
R - squared	0.064	0.158	0.173	0.383	0.395	0.434	0.438	0.439
Hausman test	7.83 (0.0200)	14.02 (0.0029)	17.07 (0.0019)	38.86 (0.0000)	36.41 (0.0000)	64.77 (0.0000)	64.01 (0.0000)	62.28 (0.0000)

注：估计系数下方括号内的数字为系数估计值的 t 统计量，其中显著性水平为："***" 表示 $p<0.01$，"**" 表示 $p<0.05$，"*" 表示 $p<0.1$。

表 5.4 中，模型 1 至模型 8 是将 GVC_{it} 和 GVC_{it}^2 作为解释变量，然后依次逐步纳入其他控制变量的回归结果。可以看出，只纳入经济发展水平和城市化指标之后，一次项与二次项的系数正好与预期的相反，且不显著。继续纳入工业化水平和人力资源禀赋之后，GVC_{it} 系数为负，${GVC_{it}}^2$ 系数为正，仍不显著。在更多引入控制变量，依次加入经济开放度、外商直接投资额，以及政府的干预程度等指标后，GVC_{it} 系数为负，且在 1% 或 5% 的显著性水平上对被解释变量具有显著的负向影响，${GVC_{it}}^2$ 系数为正，在 1% 或 5% 的显著性水平上对被解释变量具有显著的正向影响，其系数估计值大小有所变化，但变化不大，符号基本保持稳定，这在一定程度上表明了估计结果的稳健性。

对于其他控制变量，人均 GDP 变量、城市化水平、工业化水平和人力资本变量的系数估计值在各模型中均显著为正，这与国内外的实证研究文献保持一致。经济开放度指标的系数估计值为负，且均在 1% 的水平上显著，这是由于本书采用的是货物进出口总额占地区 GDP 的比重来衡量经济的开放程度，而货物贸易与服务贸易总量之间存在着负相关或存在替代效应（李秉强，2009），而服务贸易的总量会带动服务业的发展。外商直接投资变量的系数估计值为负，且并不显著，可能是由于我国服务业外商投资结构不够合理，服务业 FDI 外商直接投资中最多的是房地产业，而对生产性服务业的投资比例较低。政府干预程度变量系数估计值为正，且不显著，这与汪德华等（2007）研究得出的结论有所不同。原因可能在于，政府规模对生产服务业的影响是有两方面的，若市场体系不健全，政府加大干预力度，则有利于优化服务业的资源配置，提高效率，促进生产服务业的发展；市场机制较完善的条件下，政府如果过度干预，就会对生产服务业的发展产生阻碍作用。

（2）系统 GMM 估计结果

为了克服 FE 模型“动态面板偏差”问题，本书进一步采用广义矩估计方法，对上述动态模型进行估计，估计结果报告如表 5.5 所示。表的下面报告了动态模型的检验结果，Sargan 检验为过度识别检验，表明工具变量的选取整体上是合理有效的。AR（2）检验 P 值均显示不显著，说明差分方程不存在二阶或更高阶的自相关问题。

表 5.5　　生产性服务业总体水平系统 GMM 逐步回归结果

主要变量	GMM (1)	GMM (2)	GMM (3)	GMM (4)	GMM (5)	GMM (6)	GMM (7)	GMM (8)
PROSER（-1）	0.8027***	0.6476***	0.6378***	0.4929***	0.4667***	0.4645***	0.4726***	0.4969***
	(0.004)	(0.018)	(0.009)	(0.020)	(0.028)	(0.028)	(0.027)	(0.034)
GVC	-0.0159*	-0.1374***	-0.1211***	-0.1182***	-0.1358***	-0.1180***	-0.1244***	-0.1498***
	(0.009)	(0.022)	(0.039)	(0.034)	(0.027)	(0.031)	(0.032)	(0.042)
GVC^2	0.0262	0.2607***	0.1636**	0.1124**	0.1297***	0.1182**	0.1177**	0.1345**
	(0.019)	(0.044)	(0.073)	(0.057)	(0.048)	(0.053)	(0.049)	(0.060)
PGDP		0.0316***	0.0320***	0.0417***	0.0376***	0.0382***	0.0381***	0.0377***
		(0.002)	(0.001)	(0.003)	(0.003)	(0.003)	(0.003)	(0.005)
URB			0.0559***	0.0575***	0.0598***	0.0609***	0.0629***	0.0643***
			(0.003)	(0.004)	(0.005)	(0.005)	(0.006)	(0.010)
IND				0.2975***	0.2929***	0.2956***	0.2934***	0.2604***
				(0.028)	(0.023)	(0.024)	(0.023)	(0.051)
HUM					0.0045***	0.0046***	0.0056***	0.0064***
					(0.001)	(0.001)	(0.001)	(0.001)
OPEN						-0.0034	-0.0060*	-0.0071**
						(0.002)	(0.003)	(0.003)
FDI							0.2265**	0.4002**
							(0.102)	(0.167)

续表

主要变量	GMM (1)	GMM (2)	GMM (3)	GMM (4)	GMM (5)	GMM (6)	GMM (7)	GMM (8)
GOV								-0.0315 (0.027)
常数项	0.0404*** (0.001)	-0.2284*** (0.022)	-0.2492*** (0.008)	-0.4333*** (0.039)	-0.4213*** (0.039)	-0.4303*** (0.036)	-0.4424*** (0.036)	-0.4346*** (0.060)
观测值数	239	239	239	239	239	239	239	239
Wald 检验	63157.11 (0.0000)	1774.15 (0.0000)	36216.19 (0.0000)	1333.52 (0.0000)	383.94 (0.0000)	475.40 (0.0000)	699.73 (0.0000)	665.18 (0.0000)
Sargan 检验	29.2272 (0.7007)	29.6606 (0.6803)	26.6456 (0.8114)	26.9063 (0.8013)	26.5905 (0.8136)	25.7187 (0.8454)	26.2988 (0.8246)	25.1744 (0.8637)
AR (1) 检验 P 值	0.0026	0.0027	0.0032	0.0059	0.0067	0.0061	0.0047	0.0036
AR (2) 检验 P 值	0.3297	0.3283	0.2666	0.6842	0.8437	0.7671	0.5481	0.3743

注：估计系数下方括号内的数字为系数估计值的 z 统计量，其中显著性水平为："***"表示 $p<0.01$，"**"表示 $p<0.05$，"*"表示 $p<0.1$。

表 5.5 中，模型 1 的估计结果是仅考虑核心解释变量时进行回归的结果，结果显示，GVC_{it}系数估计值为负，在 10% 的显著性水平上对生产服务业的影响显著为正，GVC_{it}^2 系数为正，但是并不显著，模型 2 到模型 8 是采用逐步回归法，依次纳入其他控制变量后的回归结果，可以看出：①在逐步纳入更多的控制变量后，一次项系数估计值仍然为负，且均在 1% 的水平上高度显著，二次项系数仍然为正，至少在 5% 的显著性水平上显著。系数估计值小变化不大，符号也完全一致，具有较好的稳健性。在逐步控制了其他变量的情况下，GVC 对生产性服务业影响的临界点分别为：0.2635、0.3701、0.5258、0.5235、0.4991、0.5285、0.5569。由此可以大致推断出，中国产品内分工程度对国内生产性服务业存在"阈值"效应，临界点为 0.5 左右，两者呈现"U"形关系。②生产性服务业滞后一期的系数估计值在各模型中均显示为正，并且始终在 1% 的显著性水平显著，表明生产服务业的发展受到自身的影响，具有一定的"惯性"。人均 GDP、城市化水平，工业化水平、人力资本和经济开放度变量对生产性服务业的影响同表 5.5 的估计结果一致。值得注意的是，外商直接投资变量与政府干预程度变量与表 5.5 所得的估计结果出现

正负号反转的变化，这也表明，这两个指标对生产性服务业的发展不确定，可能具有两方面的影响。

本书认为，参与全球生产网络体系与中国服务业之间之所以呈现这种先下降后上升的“U”形关系，因为过去中国是以低成本竞争优势嵌入欧美发达国家主导的全球价值链从事简单加工装配环节，是一种主要依赖要素的传统粗放式加工贸易模式。主要集中于劳动密集型产业，产品附加值低，对服务业尤其是生产服务业的带动作用有限。同时，加工贸易以外商投资为主，发达国家在对外投资时一般不满足于发展中国家本地化的服务业水平，往往会提供与生产能力配套的高级生产者服务业，这在一定程度上排挤了中国服务业的发展，造成比重偏低。但随着国际分工体系日趋细化，中国加工贸易比重不断下降，一般贸易比重不断提升，对外贸易结构更趋合理。部分企业通过“贸工技”“干中学”，增强了国内中间品的生产配套能力，形成了较为完整的产业链和产业集群，通过不断调整加工贸易产品结构，逐步进入了关键零部件和核心技术的研发领域。部分企业掌握关键零部件和一些高科技产业的生产环节，提高了高技术含量产品的附加值，使得服务在贸易占比中不断提高，带动了生产服务业的发展，逐步向价值链的中高端攀升，实现了产业结构升级。尽管中国加工贸易比重下降，但中间品贸易在全球占比逐年提高，表明中国在全球生产网络中地位提高，中国生产活动正在向 GVC 高端攀升（樊茂清、黄薇，2014）。另外，近些年国内劳动力、土地等国内生产要素成本上升速度过快，使中国劳动密集型产业环节丧失市场竞争优势。外资企业不得不向其他低成本国家转移，或者向中西部地区外移。尤其是 2008 年世界金融危机后，发达国家高度重视实体经济，纷纷提出要重塑制造业，鼓励制造业回流和“再工业化”，导致发达国家外资流入中国的速度和规模降低，与之配套的研发、设计、物流、咨询、会计和金融等支持性生产性服务业也追随制造业的步伐发生转移或回流，这在一定程度上也是造成中国服务业比重在一定程度上提高的原因。

5.4.2 生产性服务业细分行业回归

本章进一步探讨了对生产性服务业细分行业的影响，仍采用系统 GMM 方法，回归结果见如 5.6 所示。

表 5.6 分别是对交通运输、仓储和邮政业（Transport）、金融业（Finance)、批发和零售贸易业（WholeR)、住宿和餐饮业（Hotels）四个细分的生产性服务业的回归结果。可以看出，生产性服务业各细分行业的当期值均受上一期的影响，呈现明显的正相关，且在 1% 的水平上显著。但产品内分工对各细分生产性服务业的影响存在异质性特征：从交通运输、仓储和邮政业的回归结果来看，GVC_{it}和 GVC_{it}^2 的系数分别为 -0.1007 和 0.1197，且在 1% 的水平上高度显著；从住宿和餐饮业的回归结果看，估计系数分别为 -0.0056 和 0.0107，在 10% 的统计水平上显著。这表明，随着分工程度的不断深化，这两类生产性服务业的促进效应会超过抑制效应。从批发和零售业的回归结果来看，GVC_{it}系数为正，GVC_{it}^2 估计系数为负，均在 1% 的水平上显著，这是因为我国批发和零售业比较特殊，竞争程度日趋激烈，大都还停留在传统劳动密集型产业的阶段，对生产性服务业的带动作用有限，需要进一步向资本密集型的行业转变；从金融业看，一次项系数为正且不显著，二次项系数显著为负，说明抑制效应大于促进效应。这可能与我国金融市场的准入、金融管制过于严格、金融体系不成熟等因素有关。

表 5.6　生产性服务业细分行业发展水平系统 GMM 结果比较

主要变量	GMM1	GMM2	GMM3	GMM4
	交通运输、仓储和邮政业	金融业	批发和零售业	住宿和餐饮业
Transport (-1)	0.4923***			
	(0.049)			
GVC	-0.1007***	0.0119	0.0453***	-0.0056*
	(0.015)	(0.012)	(0.010)	(0.003)
GVC^2	0.1197***	-0.0869***	-0.1340***	0.0107*
	(0.026)	(0.027)	(0.013)	(0.006)
PGDP	0.0033**	0.0128***	0.0205***	0.0018***
	(0.001)	(0.001)	(0.002)	(0.000)
URB	0.0245***	0.0063***	0.0305***	-0.0007
	(0.003)	(0.002)	(0.002)	(0.001)
IND	0.0675***	0.0142	0.0838***	0.0104***
	(0.011)	(0.012)	(0.012)	(0.003)
HUM	0.0015*	0.0029***	-0.0003	-0.0003
	(0.001)	(0.001)	(0.001)	(0.000)

续表

主要变量	GMM1	GMM2	GMM3	GMM4
	交通运输、仓储和邮政业	金融业	批发和零售业	住宿和餐饮业
OPEN	-0.0027 (0.002)	0.0093*** (0.002)	0.0041** (0.002)	-0.0025*** (0.001)
FDI	0.0362* (0.021)	0.1535*** (0.022)	-0.1031*** (0.034)	-0.0276** (0.012)
GOV	-0.0118 (0.010)	-0.0078 (0.011)	-0.0525*** (0.009)	-0.0051 (0.004)
Finance (-1)		0.5802*** (0.036)		
WholeR (-1)			0.7381*** (0.014)	
Hotels (-1)				0.7730*** (0.049)
常数项	-0.0406** (0.016)	-0.1419*** (0.013)	-0.2127*** (0.020)	-0.0110*** (0.004)
观测值数	239	239	239	239
Wald 检验	729.34 (0.0000)	4751.08 (0.0000)	45154.27 (0.0000)	3769.32 (0.0000)
Sargan 检验	23.2325 (0.9182)	28.3323 (0.7414)	24.4864 (0.8850)	24.8577 0.8738
AR (1) 检验 P 值	0.1292	0.0001	0.0125	0.0051
AR (2) 检验 P 值	0.4620	0.5349	0.3278	0.8811

注：估计系数下方括号内的数字为系数估计值的 t 统计量，其中显著性水平为："***"表示 $p<0.01$，"**"表示 $p<0.05$，"*"表示 $p<0.1$。

5.5 本章小结

本章运用投入产出法测算了不同功能服务业对制造业的中间投入率，研究发现，制造业部门中生产性服务业投入率呈现先下降再上升的"U"形变化轨迹，消费性服务业投入率和公共性服务业投入率的变化比较平稳。并以此为基础，进一步利用 2004 ~ 2012 年省级面板数据，采用系统 GMM 的方法实证检验了中国制造业参与全球分工体系对国内生产性服务业的影响，结果表明：产品内分工对整体生产性服务业发展存在先抑制再促进的影响效应，分工程度的临界“阈值”为 0.5 左右；从生产性服务业细分行业看，伴随着分工程度的不断深化，交通运输、仓储和邮政业以及住宿和餐饮业的促进效应会超过抑制效应，但批发零售业和金融业表现为抑制效应大于促进效应。

第6章

参与产品内分工对中国服务业生产率的影响

——来自中国服务业细分行业面板数据的证据

6.1　引言

随着国际分工的深化，世界经济正步入服务全球化时代，各国都积极发展服务业和服务贸易，积极参与服务业参与全球分工，以获取新的国际竞争优势。服务业的发展也加快了中国经济新旧动能的转换，必将成为未来中国经济增长的主要动力来源。但当前中国经济存在着“总需求向服务业集中，而总供给向制造业倾斜”的突出问题，服务业依然是我国国民经济中的“短板”，尤其在生产性服务和民生紧密相关的一些社会和公共服务方面“短板”现象十分突出，亟待做好“加法”。尽管 2013 年我国服务业增加值超过第二产业，成为我国第一大产业，但服务业发展相对滞后的格局仍然存在。从服务业的结构来看，还存在“传统服务业进入过度与现代服务业进入不足同时并存”的现象。批发与零售业、交通运输和仓储业、住宿餐饮等传统服务业在整个服务业中所占比例仍然较高，而以知识技术密集性特征的生产性服务业和新兴服务业发展不足，健康、养老、医疗等公共服务业供给也不足等问题。因此，发展服务业成为供给侧结构性改革的关键和核心，而发展服务业的重点就是改变以往只依靠增加生产要素的粗放型增长模式，提高服务业的全要素生产率及对经济增长的贡献率。

关于服务业生产率的研究，Baumol（1967）曾提出一个基于只有劳动力一种生产要素的两部门“非均衡增长理论”模型（Unbalanced Growth Model），认为服务业部门（技术停滞部门）和制造业部门（技术进步部门）是劳动生产率不同的部门，其就业增长与吸收能力会有所不同。由于工业部门生产最终产品，随着技术的进步，比较容易进行技术创新并获得规模经济，从而会减少生产活动中所需的劳动投入，提高产品质量，因此属于技术进步部门。而服务业部门，劳动力投入是直接衡量产品质量好坏的标准。劳动生产率增长缓慢，只能通过投入更多的劳动力来维持一定的产出，因此属于技术停滞部门。Baumol 还认为，服务业劳动生产率低，会导致服务业价格上涨，从而造成整个社会成本的增加，这就是著名的“成本病”（Cost Disease of Services）理论。随后，Fuchs（1968）基于该理论从服务业劳动生产率增长、服务需求弹性与价格弹性等方面，实证检验了服务业劳动生产率较低这一理论，这就是著名的“鲍莫尔—富克斯假说”（Baumol – Fuchs Hypothesis）。该假说一直以来受到理论界的广泛关注，之后诸多学者基于该模型进行扩展，分别从理论和实证两个方面检验这一假说（Summers 等，1985；Klodt，2000；Evangelista 和 Savona，2003）。国内学者程大中（2004）最早检验了“鲍莫尔—富克斯假说”在中国的存在性，得出服务业部门劳动生产率相对滞后是导致其就业吸收能力增长的主要原因，很容易引发“成本病”。王俊（2008）运用 1991～2005 年中国服务业内部各行业的数据检验了该假说，再次验证了服务业技术进步滞后是导致就业增长的重要原因。顾乃华、夏杰长（2010）认为，生产性服务业的崛起必将从理论上对“鲍莫尔—富克斯假说”形成挑战，并利用中国 236 个样本城市 2003～2007 年的面板数据，从理论和实证两个方面重新检验了“鲍莫尔—富克斯假说”在中国的存在性。谭洪波和郑江淮（2012）在 Baumol、Oulton 和 Sasaki 的基础上建立了一个两部门模型，证明了中国经济高增长、服务业却发展相对滞后的原因是由于中国服务业特别是高级生产性服务业的 TFP 增长率为零造成的，不仅如此，中国服务业 TFP 增长率还显著低于日、美、德、法等国家的服务业 TFP 增长率。而造成生产性服务业贡献低的原因主要是制造业与生产性服务业没有大规模实现主辅业分离，以及中国的生产性服务业没有像制造业和印度的软件业那样融入全球化分工体系。

当然，随着信息、通信和技术（ICT）在服务业服务领域的广泛应用，有些学者对“鲍莫尔—富克斯假说”的结论也提出了一些质疑与批评（Barras，1984；Pavitt，1984；Griliches，1994；Triplett 和 Bosworth，2002；Maroto 和 Rubalcaba，2008），认为只有当“停滞部门”是最终产品生产部门时，该假说引申出来的结论才能成立，若向制造业生产提供中间性投入品，生产率增长率反而会上升（Oulton，2001）。王恕立和胡宗彪（2012）认为，中国服务业的全要素生产率是不断上升的，服务业 TFP 的主导因素过去主要依靠技术效率的提高，而当今逐步转变为依靠技术进步的提高。但服务业的全要素生产率滞后于制造业的全要素生产率。Young（2014）通过引入罗伊模型，指出了服务业部门和工业部门的生产率差异并非真实存在，而是罗伊效应导致了服务业的相对成本上升，服务业的“成本病”并非真实存在。庞瑞芝和邓忠奇（2014）认为，“鲍莫尔—富克斯假说”关于服务业低效率的提法在现阶段的中国并不成立，并对方向距离函数的方向选择进行方法创新，采用 1998～2012 年中国省际面板数据对服务业和工业的生产率及其增长情况进行测算后发现，服务业生产率（效率）平均高于工业，TFP 增长稍逊工业，但近些年服务业 TFP 增长有赶超工业的趋势。王恕立等（2015）将环境因素纳入生产率研究体系，引入考虑“坏”产出的 Malmquist - Luenberger 指数法分别测算了中国 2000 ~ 2012 年 31 个省、区、市和 2004 ~ 2012 年服务业细分行业的服务业 TFP 变动情况，同时与未考虑环境因素的服务业 TFP 区域和行业差异进行了比较分析。研究表明，中国服务业 TFP 增长表现出了较大的区域和行业异质性，未考虑环境因素的传统测算方法显著高估了服务业 TFP 的增长率及其对服务业增长的贡献，环境因素对服务业增长绩效存在影响，服务业发展过程中出现了浪费资源和破坏生态环境的粗放型增长。服务业 TFP 增长的源泉主要是技术进步，通过提升技术效率来促进服务业增长还有很大的余地。

从全球价值链的角度去研究服务业的生产率也是学术界研究的热点问题，但现有研究主要集中于探讨服务外包对服务业生产率的影响，Girma 和 Görg（2003）基于英国 1980 ~ 1992 年的数据实证研究表明，企业的服务外包强度与其劳动生产率和全要素生产率增长呈正相关。后来许多学者也纷纷利用不同国家的数据进行研究都得出了相似的结论（Mann，2004；Kasahara 和 Rodrigue，2004；Amiti 和 Wei，2005；Amiti 和 Wei，2009；Criscuolo 和 Leaver，2005；Yasar 和 Morrison Paul，2007；Falk 和 Wolfmayr，2008；Winkler，2010），即服务离岸外包能促进其国内全要素生产率的增长。但服务外包只是全球价值链背景下服务业发展的一个方面，考察服务本身嵌入全球价值链对服务业的 TFP 影响如何，国内学者仍鲜有研究。我国服务业在参与全球价值链分工对国内服务业的技术进步与技术效率会产生怎样的影响？在全球价值链分工背景下，服务业该如何更好地提高全要素生产率，进而提高对经济增长的贡献？这是本书要研究的问题。

6.2　服务业各行业参与全球价值链的分工程度的测度

6.2.1　测度方法

由于本章考察的服务业生产率是基于国内服务行业的数据，若使用国内投入产出表来测度产品内分工程度，行业分类合并匹配的工作量非常庞大，测算非常困难，因此借鉴 Hummels 等（2001）提出的垂直专业化指数的方法来度量中国各行业在全球价值链中的参与程度。

假设 K 国有 n 个产业部门，某一行业 i，定义如下：

$$VS_{ki} = (\frac{M_{ki}}{Y_{ki}}) \times X_{ki} = (\frac{X_{ki}}{Y_{ki}}) \times M_{ki} \tag{6.1}$$

式中，M_{ki}表示 K 国的行业 i 进口的中间投入量，Y_{ki}表示 K 国的行业 i 的总产出量，X_{ki}表示 K 国行业 i 的出口，VS_{ki}表示 K 国出口中所包含的进口中间产品的价值，即本国出口的产品中来自国外的增加值。

将式（6.1）两边同除以 X_{ki}，可得某一行业 i 的垂直专业化指数：

$$VSS_{ki} = \frac{VS_{ki}}{X_{ki}} = (\frac{M_{ki}}{Y_{ki}}) \tag{6.2}$$

VSS_{ki}表示 K 行业 i 出口中所包含的进口中间产品的价值。所有行业之和 $VS_k = \sum_{i=1}^{n} VS_{ki}$，$K$ 国总出口 $X_k = \sum_{i=1}^{n} X_{ki}$，则一国整体的垂直专业化指数为：

$$VSS_k = \frac{VS_k}{X_k} = \frac{\sum_{i=1}^{n} VS_{ki}}{\sum_{i=1}^{n} X_{ki}} = \frac{\sum_{i=1}^{n} (\frac{M_{ki}}{Y_{ki}}) \times X_{ki}}{\sum_{i=1}^{n} X_{ki}} = \sum_{i=1}^{n} \left[\left(\frac{X_{ki}}{X_k}\right) \times \left(\frac{VS_{ki}}{X_{ki}}\right) \right] \tag{6.3}$$

将式（6.1）中 VS_{ki}的表达式代入式（6.3），可得：

$$\begin{aligned} VSS_k = \frac{VS_k}{X_k} &= \sum_{i=1}^{n} \left[\left(\frac{X_{ki}}{X_k}\right) \times \left(\frac{M_{ki}}{Y_{ki}}\right) \right] = \frac{1}{X_k} \sum_{i=1}^{n} \left[(X_{ki}) \times \left(\frac{M_{ki}}{Y_{ki}}\right) \right] \\ &= \frac{1}{X_k} \sum_{i=1}^{n} \left[(X_{ki}) \times \left(\frac{\sum_{i=1}^{n} m_{kji}}{Y_{ki}} \right) \right] \\ &= \frac{1}{X_k} \sum_{i=1}^{n} \sum_{i=1}^{n} \frac{X_{ki}}{Y_{ki}} m_{kji} = \frac{1}{X_k} \mu A^m X_{ki} \end{aligned} \tag{6.4}$$

式（6.4）中 μ 为 $1 \times n$ 维行向量，A^M 为 $n \times n$ 阶进口系数矩阵，其中的元素 m_{kji}表示每生产一单位行业 i 的产品，需要从国外 j 部门进口的中间产品的数量。X_{ki}为 $n \times 1$ 阶出口矩阵，X_k 为 n 个部门的出口之和。用更一般的公式表示为：

$$VSS_k = \frac{1}{X_k} \mu A^m \left[I - A^D \right]^{-1} X_{ki} \tag{6.5}$$

其中，A^D 为 $n \times n$ 的国内消耗系数矩阵，其中的元素 a_{kji}表示每生产一单位行业 i 的产品，需要消耗国内 j 部门中间产品的数量。I 为单位矩阵，$[I - A^D]^{-1}$为里昂惕夫逆矩阵，且有 $A = A^M + A^D$。

6.2.2　数据来源与说明

由于国内投入产出表 5 年才发布一次，本章使用欧盟委员会于 2016 年编制的最新版本的世界投入产出表数据库（WIOD）提供的 NIOTs（National Input Output Tables），该数据库采用一些特殊的方法得到了各国连续的投入产出表，使得研究更加方便。由于世界投入产出数据库（WIOD）的行业分类口径是根据国际标准产业分类修订版（ISIC Rev. 4）进行划分的，这与国内国民经济行业分类（GB/T 4754 - 2011）中相关行业分类有差别，因此，本书依照国内的行业分类标准对服务业各细分行业的口径进行合并整理，对应如表 6. 1 所示。

表 6. 1　WIOD 2016 年数据库服务业行业分类与国内产业分类的对应

WIOD 服务业行业代码	ISIC 代码（Rev 4. 0）	WIOD 服务业行业名称	国内服务行业对应
r28	G45	汽车和摩托车的批发、零售及修理	批发和零售业
r29	G46	批发贸易，汽车和摩托车除外	
r30	G47	零售贸易，汽车和摩托车除外	
r31	H49	陆路运输和管道运输	交通运输、仓储和邮政业
r32	H50	水上运输	
r33	H51	航空运输	
r34	H52	运输的储藏和辅助活动	
r35	H53	邮政和邮递活动	
r36	I	食宿服务活动	住宿和餐饮业
r37	J58	出版活动	文化、体育和娱乐业
r38	J59 - J60	电影、录像和电视节目的制作、录音及音乐作品出版活动	
r39	J61	电信	信息传输、软件和信息技术服务
r40	J62 - J63	计算机程序设计、咨询及有关活动；信息服务活动	
r41	K64	金融服务活动，保险和养恤金除外	金融业
r42	K65	保险、再保险和养恤金，强制性社会保障除外	
r43	K66	金融服务及保险活动的辅助活动	

续表

WIOD 服务业行业代码	ISIC 代码（Rev 4.0）	WIOD 服务业行业名称	国内服务行业对应
r44	L68	房地产活动	房地产业
r45	M69 - M70	法律和会计活动；总公司的活动；管理咨询活动	租赁和商务服务业
r46	M71	建筑和工程活动；技术测试和分析	科学研究和技术服务
r47	M72	科学研究与发展	
r48	M73	广告业和市场调研	租赁和商务服务业
r49	M74 - M75	其他专业、科学和技术活动；兽医活动	科学研究和技术服务
r50	N	行政和辅助服务活动	租赁和商务服务业
r51	O84	公共管理与国防；强制性社会保障	公共管理、社会保障和社会组织
r52	P85	教育	教育
r53	Q	人体健康和社会工作活动	卫生和社会工作
r54	R - S	艺术、娱乐和文娱活动；其他服务活动	文化、体育和娱乐业；居民服务、修理和其他服务业
r55	T	家庭作为雇主的活动；家庭自用、未加区分的物品生产及服务的活动	居民服务、修理和其他服务业

资料来源：作者根据 WIOD 2006 年发布的数据行业分类与国际标准行业分类（ISIC Rev 4.0）、与国民经济行业分类（GB/T 4754 -2011）匹配所得。

6.3 中国服务业细分行业全要素生产率测度

本书使用基于 DEA（数据包络分析法）的 Malmquist 生产率指数法进行计算。DEA 非参数法的好处在于，该方法不需要预先设置具体的生产函数形式，不要求行为假设，不需要生产处于最优化状态，因此可以避免因函数形式设定误差而导致的测算误差问题。

根据 Färe R 等（1994）所定义的 Malmquist 生产率指数，可知其计算公式如下：

$$TFPCH = M_o(y_t, x_t, y_{t+1}, x_{t+1}) = \left[\frac{D_o^t(x_{t+1}, y_{t+1})}{D_o^t(x_t, y_t)} \times \frac{D_o^{t+1}(x_{t+1}, y_{t+1})}{D_o^{t+1}(x_t, y_t)}\right]^{1/2} \quad (6.6)$$

TFPCH 表示从 t 期到 t+1 期全要素生产率的增长率。该指标以 1 为临界值，若该数值大于 1，则表示全要素生产率的增长率增长；反之，表示全要素生产率增长率下降。

把式（6.6）式进一步变化，可得：

$$TFPCH = M_o(y_t, x_t, y_{t+1}, x_{t+1}) = \frac{D_o^{t+1}(x_{t+1}, y_{t+1})}{D_o^t(x_t, y_t)} \times \left[\frac{D_o^t(x_{t+1}, y_{t+1})}{D_o^{t+1}(x_{t+1}, y_{t+1})} \times \frac{D_o^t(x_t, y_t)}{D_o^{t+1}(x_t, y_t)}\right]^{1/2} \quad (6.7)$$

设：

$$TECHCH = \left[\frac{D_o^t(x_{t+1}, y_{t+1})}{D_o^{t+1}(x_{t+1}, y_{t+1})} \times \frac{D_o^t(x_t, y_t)}{D_o^{t+1}(x_t, y_t)}\right]^{1/2} \quad (6.8)$$

$$EFFCH = \frac{D_o^{t+1}(x_{t+1}, y_{t+1})}{D_o^t(x_t, y_t)} \quad (6.9)$$

可得：

$$TFPCH = TECHCH \times EFFCH \quad (6.10)$$

由式（6.10）可知，全要素生产率 TFPCH 由 TECHCH 与 EFFCH 两部分共同决定。其中，TECHCH 表示技术进步，若该值大于 1，说明存在技术进步，若该值小于 1，则说明存在技术退步；EFFCH 表示技术效率，若该值大于 1，说明技术效率有所提高，若该值小于 1，则说明技术效率有所降低。

假定，规模报酬可变，则技术效率指数又可以继续分解为纯技术效率指数（PECH）与规模效率指数（SECH）的乘积。因此，可以对全要素生产率进一步分解为四个变量，各变量之间的关系表示为：

$$TFPCH = TECHCH \times EFFCH = TECHCH \times PECH \times SECH \quad (6.11)$$

测算各细分服务业行业的全要素生产率，需要服务业分行业的产出数据与投入数据。其中投入数据包括劳动投入和资本投入数据。具体选择如下：

6.3.1　服务业各细分行业产出

服务业的产出可以用服务业增加值的数据来衡量（Mahadevan，2000）。本书使用 2004～2014 年中国服务业分行业增加值数据来衡量服务业各细分行业的产出，并将原始数据依据居民消费价格指数 CPI 以 2004 年不变价（2004=100）进行了指数平减处理。服务业分行业增加值的原始数据来自《中国统计年鉴》和中经网统计数据库。

6.3.2 服务业劳动投入

关于劳动力投入，具体包含劳动力人数、劳动时间以及劳动质量等诸多因素。部分学者用劳动力人数（年末就业人数）来作为劳动投入的代理变量（吕延方等，2010；王恕立，2015；姚星等，2016）。本书采用王恕立和胡宗彪（2012）的做法来衡量服务业各细分行业的劳动力人数，即服务业分行业年末就业人数（万人）=（服务业分行业的城镇单位就业人数/服务业城镇单位总就业人数）×年末服务业就业人员数。所有数据来源于《中国劳动统计年鉴》和中经网统计数据库。

6.3.3 服务业资本存量

各服务行业的资本投入用服务业的资本存量来衡量。本书采用国际上通用的永续盘存法对服务业各细分行业的资本存量进行估算，该估计法已经成为国际上一种主流的资本存量估计方法。基本公式为：

$$K_{it} - K_{it-1} = I_{it} - R_{it} \tag{6.12}$$

式中，i 表示行业或（地区）；t 表示时期；K_{it}表示为 t 年行业（地区）i 的资本存量，K_{it-1}表示为 $t-1$ 年行业（地区）i 的资本存量；I_{it}表示为 t 年行业 i 的固定资产投资额（基年不变价）；R_{it}为重置需求，δ_{it}是重置率或折旧率。可知 $R_{it} = \delta_{it}K_{it-1} = D_{it}$，$D_{it}$为 t 年行业（地区）i 的折旧额。

于是计算公式又可以表示为：

$$K_{it} = K_{it-1} + I_{it} - \delta_{it}K_{it-1} = (1-\delta_{it})K_{it-1} + I_{it}。 \tag{6.13}$$

对于基年资本存量测算，本书采用与国内其他学者的一致做法，借鉴 Harberger(1978)提出的稳态方法进行估算，可以表示为：

$$K_{it-1} = I_{it}/(g_{it} + \delta_{it}) \tag{6.14}$$

式中，g_{it}为一段时间服务业实际产出的平均增长率或增长速度，本书使用分行业 2004 ~2014 年间服务业分行业增加值（不变价）的年均增长率来表示。对于折旧率 δ_{it}，现有的文献也没有统一的标准，本书借鉴现有研究（Wu，2009；Lee 和 Hong，2012；Barro 和 Lee，2013）的做法，将服务业各细分的资本折旧率统一取为 4% 。本书使用全社会分行业固定资产投资额来衡量投资额 I_{it}。由于缺乏分行业固定资产投资价格指数，本书使用全社会固定资产投资价格指数（2004 = 100），对固定资产投资额进行了不变价处理。全社会分行业固定资产投资额原始数据来自中经网统计数据库。

采用 DEAP 2.1 软件，对中国 2004 ~ 2014 年各细分服务业的 Malmquist 生产率指数进行测算与分解。

表 6.2　2004 ~ 2014 年中国服务业细分行业 Malmquist 生产率指数分解

服务行业	技术效率	技术进步	纯技术效率	规模效率	TFP 指数	服务业增长率	TFP 贡献率
	EFFCH	TECHCH	PECH	SECH	TFPCH		
交通运输、仓储和邮政业	0.979	1.083	0.954	1.026	1.060	8.69	69.05
信息传输、软件和信息技术服务	0.957	1.067	0.941	1.018	1.021	10.95	19.18
批发和零售业	0.985	1.037	1.000	0.985	1.022	14.18	15.52
住宿和餐饮业	0.939	1.038	0.943	0.996	0.975	8.63	-28.98
金融业	1.000	1.041	1.000	1.000	1.041	18.20	22.53
房地产业	0.970	1.065	1.000	0.970	1.033	14.81	22.28
租赁和商务服务业	0.957	1.052	0.968	0.989	1.007	15.89	4.41
科学研究和技术服务业	0.995	1.081	0.999	0.996	1.076	17.99	42.24
水利、环境和公共设施管理	1.008	1.079	1.002	1.006	1.088	13.00	67.70
居民服务、修理和其他服务业	1.000	1.046	1.000	1.000	1.046	11.38	40.42
教育	1.002	1.102	1.003	0.998	1.104	12.51	83.16
卫生和社会工作	0.971	1.098	0.981	0.990	1.067	13.82	48.47
文化、体育和娱乐业	1.021	1.072	1.005	1.016	1.094	11.90	78.99
公共管理、社会保障和社会组织	0.989	1.086	0.990	1.000	1.074	11.14	66.42
平均值	0.984	1.068	0.985	0.999	1.050	13.08	38.24
生产性服务业	0.973	1.057	0.972	1.001	1.029	13.50	21.48
消费性服务业	0.997	1.061	1.002	0.995	1.058	12.70	45.68
公共性服务业	0.993	1.091	0.994	0.999	1.083	12.62	65.78

表 6.2 列出了 2004 ~ 2014 年中国服务业细分行业的 Malmquist 生产率指数及其分解。根据列出的结果可以看出，在这 11 年间，服务业的 TFP 增长率、技术效率以及技术进步增长率均存在着较大的行业异质性。

从服务业的 TFP 的年均增长率来看，2004 ~ 2014 年服务业整体 TFP 增长率平均值为 5%，具体分行业排名依次为：教育（10.4%），文化、体育和娱乐业（9.4%），水利、环境和公共设施管理（8.8%），科学研究和技术服务业（7.6%），公共管理、社会保障和社会组织（7.4%），交通运输、仓储和邮政业（6%），居民服务和其他服务业（4.6%），金融业（4.1%），房地产业（3.3%），批发和零售业（2.2%），信息传输、软件和信息技术服务（2.1%），租赁和商务服务业（0.7%）。只有住宿和餐饮行业的 TFP 增长率有所下滑，为 -2.5%。

从各细分行业的技术效率与技术进步增长率指数来看，2004～2014 年间服务业的技术效率增长率为 -1.6%，技术进步增长率为 6.8%，这表明服务业 TFP 的发展动力主要来自技术进步，而技术效率比较低下，这恰恰说明了我国服务业需要改善无效率的状况，从技术效率着手是未来提高服务业全要素生产率的出发点（王恕立，2015）。

为了进一步考察各不同功能服务业的差异，参照本书前文的界定，将服务业分为生产性服务业、生活性服务业和公共性服务业①。通过测算表明，3 种不同类型服务业的指数存在差异：公共性服务业 TFP 的年均增长率最高，为 8.33%，TFP 的贡献率 65.78%；生活性服务业的 TFP 年均增长率次之，为 5.77%，TFP 的贡献率 45.68%；生产性服务业 TFP 的年均增长率最低，为 2.89%，TFP 的贡献率 21.48%。

这表明，中国生产性服务业增长的质量要低于生活性服务业和公共性服务业，国内生产性服务业的发展水平仍然是国民经济的“短板”，有待进一步提高。

表 6.3 至表 6.5 进一步详细列出了中国服务业各细分行业从 2004～2014 年的全要素生产率增长率（TFPCH），以及技术效率（EFFCH）、技术进步（TECHCH）指标。

表 6.3 2004～2014 年中国服务业细分行业的全要素生产率指数（TFP）

服务行业 \ 年份	2004/2005	2005/2006	2006/2007	2007/2008	2008/2009	2009/2010	2010/2011	2011/2012	2012/2013	2013/2014	年均增长率
交通运输、仓储和邮政业	1.134	1.111	1.136	1.052	1.007	1.121	1.073	1.087	0.884	1.023	6.28%

① 由前文的界定，生产性服务业包括批发和零售业、交通运输、仓储和邮政服务业、住宿和餐饮业、信息传输、软件和信息技术服务业、金融业、租赁和商务服务业以及科学研究和技术服务业 7 大类；消费性服务业包括：房地产业、居民服务、修理和其他服务业以及文化、体育和娱乐业 3 个部门；公共性服务业包括：水利、环境和公共设施管理业、教育事业、卫生和社会工作事业以及公共管理、社会保障和社会组织 4 个部门。

续表

服务行业＼年份	2004/2005	2005/2006	2006/2007	2007/2008	2008/2009	2009/2010	2010/2011	2011/2012	2012/2013	2013/2014	年均增长率
信息传输、软件和信息技术服务	1.062	1.060	1.049	1.044	0.965	1.042	1.096	1.045	0.842	1.030	2.35%
批发和零售业	0.999	1.044	1.121	1.087	0.997	1.130	0.984	0.970	0.901	1.009	2.42%
住宿和餐饮业	0.919	0.947	0.991	1.063	0.960	0.986	0.940	0.945	0.934	1.078	-2.37%
金融业	1.248	1.231	1.265	0.887	0.965	0.974	0.994	0.919	0.990	1.021	4.94%
房地产业	1.042	1.120	1.173	0.972	1.172	1.099	0.985	1.014	0.863	0.934	3.74%
租赁和商务服务业	0.976	1.016	1.071	0.966	0.935	1.046	1.213	1.046	0.863	0.976	1.08%
科学研究和技术服务业	1.083	1.141	1.179	0.998	1.032	1.094	1.288	1.017	0.996	0.975	8.03%
水利、环境和公共设施管理	1.037	1.041	1.090	1.050	1.126	1.120	1.090	1.141	1.150	1.042	8.87%
居民服务、修理和其他服务业	1.175	1.052	1.057	1.082	1.012	1.090	1.079	0.987	0.931	1.019	4.84%
教育	1.108	1.070	1.145	1.089	1.125	1.091	1.177	1.092	1.125	1.028	10.50%
卫生和社会工作	1.019	1.025	1.110	1.026	0.973	1.058	1.147	1.141	1.152	1.031	6.82%
文化、体育和娱乐业	1.103	1.101	1.130	1.105	1.111	1.161	1.106	1.023	1.050	1.062	9.52%
公共管理、社会保障和社会组织	1.067	1.155	1.157	1.151	1.018	1.006	1.059	1.059	1.086	0.999	7.57%
平均值	1.066	1.078	1.118	1.039	1.026	1.071	1.084	1.033	0.977	1.015	5.07%

表 6.4　　2004～2014 年中国服务业细分行业技术效率指数

服务行业＼年份	2004/2005	2005/2006	2006/2007	2007/2008	2008/2009	2009/2010	2010/2011	2011/2012	2012/2013	2013/2014	年均增长率
交通运输、仓储和邮政业	0.940	1.053	1.050	0.959	0.904	0.969	0.943	1.033	0.952	0.996	-2.01%
信息传输、软件和信息技术服务	0.880	1.007	0.974	0.944	0.871	0.987	1.064	1.063	0.806	1.012	-3.92%
批发和零售业	0.890	0.949	1.034	1.033	1.035	1.099	0.954	0.996	0.887	0.994	-1.29%
住宿和餐饮业	0.816	0.877	0.925	0.975	0.960	0.944	0.917	0.991	0.944	1.063	-5.88%
金融业	1.000	1.000	1.000	1.000	1.000	1.000	1.000	1.000	1.000	1.000	0.00%
房地产业	1.000	1.000	1.000	1.000	1.000	1.000	0.902	0.964	0.929	0.909	-2.96%

续表

服务行业＼年份	2004/2005	2005/2006	2006/2007	2007/2008	2008/2009	2009/2010	2010/2011	2011/2012	2012/2013	2013/2014	年均增长率
租赁和商务服务业	0.871	0.894	0.922	0.919	0.959	1.001	1.170	1.071	0.844	0.961	-3.88%
科学研究和技术服务业	0.969	0.979	0.959	0.950	1.012	1.028	1.225	0.987	0.916	0.957	-0.18%
水利、环境和公共设施管理	0.881	0.976	0.993	0.984	0.999	0.984	0.967	1.084	1.238	1.014	1.20%
居民服务、修理和其他服务业	1.000	1.000	1.000	1.000	1.000	1.000	1.000	1.000	1.000	1.000	0.00%
教育	0.993	0.905	0.905	1.038	1.060	1.012	1.110	1.021	0.987	1.004	0.35%
卫生和社会工作	0.915	0.861	0.877	0.978	0.932	0.987	1.085	1.079	1.021	1.008	-2.57%
文化、体育和娱乐业	0.918	1.049	1.052	0.997	1.029	0.997	0.987	1.035	1.130	1.034	2.28%
公共管理、社会保障和社会组织	0.952	1.010	0.961	1.096	0.992	0.942	1.004	1.007	0.964	0.977	-0.95%
平均值	0.929	0.967	0.974	0.990	0.981	0.996	1.020	1.023	0.967	0.994	-1.59%

表 6.5　2004~2014 年中国服务业细分行业技术进步指数

服务行业＼年份	2004/2005	2005/2006	2006/2007	2007/2008	2008/2009	2009/2010	2010/2011	2011/2012	2012/2013	2013/2014	年均增长率
交通运输、仓储和邮政业	1.207	1.055	1.082	1.097	1.114	1.156	1.138	1.052	0.929	1.027	8.57%
信息传输、软件和信息技术服务	1.208	1.053	1.077	1.107	1.109	1.056	1.030	0.983	1.044	1.018	6.85%
批发和零售业	1.123	1.100	1.084	1.053	0.963	1.028	1.031	0.974	1.016	1.015	3.87%
住宿和餐饮业	1.126	1.081	1.072	1.090	1.000	1.045	1.024	0.954	0.989	1.014	3.95%
金融业	1.248	1.231	1.265	0.887	0.965	0.974	0.994	0.919	0.990	1.021	4.94%
房地产业	1.042	1.120	1.173	0.972	1.172	1.099	1.092	1.052	0.929	1.027	6.78%
租赁和商务服务业	1.120	1.136	1.162	1.051	0.976	1.045	1.037	0.976	1.022	1.016	5.41%
科学研究和技术服务业	1.117	1.165	1.229	1.050	1.020	1.064	1.051	1.030	1.086	1.020	8.32%
水利、环境和公共设施管理	1.177	1.066	1.097	1.068	1.127	1.138	1.126	1.052	0.929	1.027	8.07%

续表

服务行业 \ 年份	2004/2005	2005/2006	2006/2007	2007/2008	2008/2009	2009/2010	2010/2011	2011/2012	2012/2013	2013/2014	年均增长率
居民服务、修理和其他服务业	1.175	1.052	1.057	1.082	1.012	1.090	1.079	0.987	0.931	1.019	4.84%
教育	1.116	1.183	1.265	1.049	1.061	1.079	1.061	1.069	1.139	1.023	10.45%
卫生和社会工作	1.114	1.190	1.267	1.049	1.044	1.072	1.057	1.058	1.129	1.022	10.02%
文化、体育和娱乐业	1.202	1.049	1.074	1.109	1.079	1.164	1.120	0.989	0.929	1.027	7.42%
公共管理、社会保障和社会组织	1.121	1.144	1.204	1.050	1.027	1.068	1.054	1.052	1.127	1.023	8.70%
平均值	1.149	1.115	1.148	1.049	1.046	1.076	1.063	1.010	1.011	1.021	6.88%

6.4　计量模型的设定、指标选取与数据来源

6.4.1　模型的构建

假设中国服务业的生产函数是柯布—道格拉斯生产函数（Cobb - Douglas 生产函数），其基本形式为：

$$Y_{it} = Ae^{\lambda t}K_{it}{}^{\alpha}L_{it}{}^{\beta} \tag{6.15}$$

式中，Y 表示服务的产出；A 表示服务业的生产率水平；K 表示服务业资本投入；L 表示服务业劳动力投入；α 和 β 分别为资本和劳动的的产出弹性。将等式两边取对数得到：

$$\ln(Y_{it}) = \ln A + \lambda t + \alpha\ln(K_{it}) + \beta\ln(L_{it}) \tag{6.16}$$

在规模报酬不变的情况下，$\alpha+\beta=1$，则式（6.16）可以变为：

$$\ln(Y_{it}/L_{it}) = \ln A + \lambda t + \alpha\ln(K_{it}/L_{it}) \tag{6.17}$$

在全球生产分工体系下，构建服务业嵌入全球价值链的分工程度对中国服务业全要素生产率的影响作用的基准模型为：

$$TFP_{it} = \delta_0 + \delta_1 SERVSS_{it} + \delta_2\ln(K_{it}/L_{it}) + \varepsilon_{it} \tag{6.18}$$

6.4.2　指标选取

由于 WIOD 数据库 r5 代码对应的产业中艺术、娱乐和文娱活动属于文化、

体育和娱乐业，而其他服务活动属于居民服务、修理和其他服务业，故难以确定该产业与国内的产业部门的对应，因此本书将采用交通运输、仓储和邮政业，信息传输、软件和信息技术服务，批发和零售业，房地产业，住宿和餐饮业，租赁和商务服务业，金融业，卫生和社会工作，教育，公共管理、社会保障和社会组织 10 个服务业细分行业作为分析研究的对象。本书选取的指标如下：

（1）被解释变量

中国服务业各细分行业全要素生产率（TFP）指数及其分解项——技术进步指数（TC）和技术效率指数（EC）：采用前文基于数据包络分析的 Malmquist 指数所测算，用于反映各细分服务行业全要素生产率（技术进步、技术效率）变化情况。

（2）核心解释变量

本书使用欧盟委员会于 2016 年编制的最新版本的世界投入产出表数据库（WIOD）提供的 NIOTs（National Input Output Tables），仍借鉴 Hummels 等（2001）提出的垂直专业化指数的方法度量了 2005 ~ 2014 年连续时间序列的服务业各细分行业在全球价值链中的参与程度，作为解释变量。

（3）控制变量

为了避免遗漏重要解释变量引起的内生性问题，本书根据国内相关研究文献，将影响服务业的其他重要因素作为控制变量引入模型进行分析：

①资本劳动比（资本密集度）。内生增长理论认为，由于资本投资中隐含着大量技术进步，所以资本劳动比与生产率之间存在正相关关系。用服务业各细分行业实际资本存量除以劳动力人数表示，即各服务细分行业就业人数的人均实际资本存量。资本存量的实际量是基于前文运用国际上通用的永续盘存法（Perpetual Inventory）对各服务行业资本存量进行估算的结果，用全社会固定资产投资价格指数（2004 = 100）其平减为剔除物价影响的实际值。劳动力人数也基于前文分析，用服务业分行业年末就业人数（万人） = （服务业分行业的城镇单位就业人数/服务业城镇单位总就业人数）× 年末服务业就业人员数表示。资料来源中经网统计数据库。

②人力资本因素。大量研究表明，人力资本对全要素生产率的增长有着非常显著的影响（Benhabib 和 Spiegel，1994；Aiyar 等，2002；Bosworth 和 Collins，2003；张自然，2010）等。本书用人均受教育年限来衡量人力资本。本书采用大专以上文化程度比重 × 16 + 高中文化程度比重 × 12 + 初中文化程

度比重 ×9 年 + 小学文化程度比重 ×6 年 + 文盲比重 ×0 年，经过算术加权来衡量服务业各细分行业中人力资本。

③劳动力平均实际工资水平。根据效率工资相关理论，若企业支付给员工的实际工资越高，则越能调动员工的积极性，促使其努力工作，这有助于提高企业的生产率水平。但另一方面，增加员工工资会增加企业的生产成本，也可能不利于企业技术水平的提高。本书用分行业城镇单位就业人员的平均实际工资对数，并经价格指数平减后化为实际值。

④服务业外商直接投资（FDI）强度。FDI 流量外资的进入可以通过溢出效应和示范效应提高服务业的生产效率。本书采用各服务行业实际利用外商直接投资额占服务业增加值的比重，表示服务业利用外资及对外投资的强度。数据来源于国家统计局官方网站。

⑤服务业对外直接投资（OFDI）强度。本书采用对外直接投资净额占服务业增加值的比重这一指标来衡量服务业外向 FDI 的强度。2007 年、2014 年对外直接投资净额的数据来自国家统计局官方网站，2005 年和 2006 年的数据来自《中国统计年鉴》，由于 2007 年以及之前的统计年鉴统计的服务行业的对外直接投资的数据是属于非金融类的，因此，缺失金融业的相关数据，本书采用胡宗彪和王恕立（2014）的做法，将没有统计的 2005 年的金融行业的 OFDI 数据用 2006 年和 2007 年的平均值代替。

⑥服务业经济规模指标。本书在衡量服务业经济规模指标时，采用服务业各细分行业的增加值占 GDP 的比重来表示。变量说明如表 6.6 所示。

表 6.6　　关键变量的描述性统计

变量名称	变量	观测值	均值	标准差	最小值	最大值
全要素生产率	lntfpch	100	0.0390	0.0831	-0.172	0.235
技术效率	lneffch	100	-0.0256	0.0668	-0.216	0.157
技术进步	lntechch	100	0.0646	0.0721	-0.120	0.237
纯效率	lnpech	100	-0.0225	0.0621	-0.248	0.205
规模效率	lnsech	100	-0.00309	0.0502	-0.120	0.125
服务业嵌入程度	lnservss	100	-2.606	0.530	-4.093	-1.619
资本密集程度	lnkl	100	0.929	1.586	-2.326	4.642
外商直接投资	lnfdi	100	-3.642	3.191	-14.61	-0.0198
对外直接投资	lnofdi	91	-3.725	2.818	-10.05	1.009
人力资本	lnhuman	100	2.491	0.137	2.232	2.671
工资水平	lnwage	100	10.40	0.396	9.538	11.32
规模经济	lnscale1	100	-2.562	0.547	-3.437	-1.592

因此，本书模型进一步扩展为：

$$TFP_{it} = \delta_0 + \delta_1 SERVSS_{it} + \delta_2 \ln(K_{it}/L_{it}) + \delta_3 FDI_{IT} + \delta_4 OFDI_{it} + \delta_5 HUM_{it} + \delta_6 WAGE_{it} + \delta_7 WAGE2_{it} + \varepsilon_{it} \quad (6.19)$$

$$EFFCH_{it} = \delta_0 + \delta_1 SERVSS_{it} + \delta_2 \ln(K_{it}/L_{it}) + \delta_3 FDI_{IT} + \delta_4 OFDI_{it} + \delta_5 HUM_{it} + \delta_6 WAGE_{it} + \delta_7 WAGE2_{it} + \varepsilon_{it} \quad (6.20)$$

$$TECHCH_{it} = \delta_0 + \delta_1 SERVSS_{it} + \delta_2 \ln(K_{it}/L_{it}) + \delta_3 FDI_{IT} + \delta_4 OFDI_{it} + \delta_5 HUM_{it} + \delta_6 WAGE_{it} + \delta_7 WAGE2_{it} + \varepsilon_{it} \quad (6.21)$$

由于核心解释变量服务业参与全球价值链分工程度与服务业生产率发展之间可能存在着反向因果关系，一方面，参与全球价值链可以获得技术溢出效应，从而促进生产率提高；另一方面，由于“自我选择”效应的存在，生产率较高的服务业企业或行业往往会积极参与全球价值链分工，如果仅仅使用最小二乘法进行估计，则无法得到正确的结果。同时，控制变量也都有可能导致内生性问题的存在。本书仍将解释变量和控制变量做滞后一期处理进行回归，以此来控制内生性带来的偏误问题。

6.4.3 计量结果分析

本书利用面板 OLS 来进行计量分析。根据 Hausman 检验确定固定效应模型和随机效应模型的选取。本书的实证分析以采用固定或随机效应模型的全部样本的回归结果和采用系统广义矩估计回归方法的全部样本的回归结果为主，将内生变量的滞后一期作为工具变量，并利用 Sargan 检验判断工具变量选取的有效性。本书的回归分析如表 6.7 所示。

表 6.7 服务业参与全球价值链对服务业 TFP 影响的回归结果

	全要素生产率指数 lntfpch		技术进步指数 lntechch		技术效率指数 lneffch	
	模型 1	模型 2	模型 3	模型 4	模型 5	模型 6
	FE	RE	FE	RE	FE	RE
lnservss	0.1641**	0.0426*	0.0594	0.0580***	0.0987*	-0.0133
	(0.066)	(0.024)	(0.054)	(0.019)	(0.056)	(0.019)
lnkl	0.0672	0.0051	-0.0314	-0.0001	0.1055***	0.0059
	(0.046)	(0.011)	(0.038)	(0.009)	(0.039)	(0.009)
lnfdi	-0.0259	-0.0088	-0.0121	0.0097	-0.0114	-0.0178**
	(0.021)	(0.011)	(0.017)	(0.009)	(0.018)	(0.009)

续表

	全要素生产率指数 lntfpch		技术进步指数 lntechch		技术效率指数 lneffch	
	模型 1	模型 2	模型 3	模型 4	模型 5	模型 6
	FE	RE	FE	RE	FE	RE
lnofdi	0.0171 (0.012)	0.0014 (0.007)	0.0018 (0.010)	-0.0081 (0.006)	0.0141 (0.010)	0.0088 (0.006)
lnhuman	-0.6618* (0.357)	0.2449** (0.108)	0.1823 (0.294)	0.2645*** (0.086)	-0.8428*** (0.303)	-0.0247 (0.088)
lnscale1	0.0453 (0.102)	0.0513** (0.024)	0.0460 (0.084)	0.0463** (0.019)	-0.0027 (0.086)	0.0051 (0.019)
lnWage	3.7740** (1.463)	2.4607* (1.267)	0.8151 (1.202)	0.5776 (1.006)	2.7638** (1.240)	1.7349* (1.034)
lnwage2	-0.1886*** (0.070)	-0.1215** (0.060)	-0.0445 (0.057)	-0.0321 (0.048)	-0.1351** (0.059)	-0.0823* (0.049)
Constant	-15.6779** (7.214)	-11.7757* (6.519)	-3.7670 (5.926)	-2.8544 (5.178)	-11.8869* (6.115)	-9.1452* (5.321)
Observations	82	82	82	82	82	82
R - squared	0.345	0.2025	0.423	0.358	0.282	0.134
Hausman test	0.0197			0.3859	0.0901	

注：（1）估计系数下方括号内的数字为系数估计值的 t 统计量，其中显著性水平为："***"表示 $p<0.01$，"**"表示 $p<0.05$，"*"表示 $p<0.1$。（2）Hausman 检验取 10% 置信水平。

从表 6.7 可以看出，模型 1 和模型 2 是中国服务业参与产品内分工对服务业全要素生产率指数影响的回归结果，通过 Hausman 检验，拒绝了随机效应模型，采用固定效应模型。在估计结果中可以看出，中国服务业参与全球价值链分工对中国服务业全要素生产率的提升具有显著的正向作用，采用固定效应估计，回归系数为 0.1641，且在 5% 的显著性水平上高度显著。即服务业在全球价值链中每提高 1%，服务业全要素生产率将提升 0.1641%，表明随着国际分工程度的深化，服务业参与全球价值链分工程度的提高，会对中国服务业生产率产生显著的正向影响。模型 3 和模型 4 是产品内分工对服务业技术进步指数的回归结果，与之前模型不同之处在于，通过 Hausman 检验拒绝了固定效应模型，采用随机效应模型估计，且解释变量 Servss 的回归系数为正，且在 1% 的显著性水平上对被解释变量具有显著的正向影响，表明参与全球分工体系可以促进服务业技术进步提升，服务业在全球价值链中每提高 1%，服务业技术进步指数将提升 0.058%。模型 5 和模型 6 考察了分工对服务业技术效率的影响，通过 Hausman 检验，拒绝了随机效应模型，采用固定效应模型，且至少在 10% 的显著性水平对服务业技术效率具有正向作用，服务业在全球价值链中每提高 1%，服务业技术效率将提升 0.0987%。

在控制变量中，表 6.7 中的估计结果表明：资本密集度（K/L）对服务业 TFP 和服务业技术进步指数具有正向作用，但系数缺乏统计意义上的显著性，对服务业技术效率在 1% 的显著性水平具有正向作用。工资水平变量的一次项系数估计值在各模型中均显示为正，并且至少在 10% 的显著性水平上对服务业生产率具有显著影响。表明随着人均工资的增加，能够激励劳动者提高努力程度、降低离职率等，从而提高了服务业行业的生产效率和技术效率。但工资水平变量的二次项对 TFP 和技术效率显著为负，说明随着工资水平的不断提高，企业会支付更高工资，增加成本负担，过高的工资水平不利于全要素生产率的提高，最终导致服务业劳动生产率太低。人力资本对服务业 TFP 提升和技术效率的影响为负，且通过了 10% 的显著性检验。这可能与我国服务业从业人员的整体素质不够高，受教育程度普遍偏低的原因有关。服务业经济规模对服务业 TFP 与技术进步的影响显著为正，但对服务业的技术效率的影响不显著。对外直接投资变量 OFDI 对我国服务业全要素生产率、技术进步率、技术效率均没有统计上显著的影响。外商直接投资 FDI 对服务业全要素生产率、技术进步率影响不显著，并对服务业效率呈显著的负相关关系，这表明我国服务业市场对外开放程度不够。

6.5 本章小结

本章首先测算 2004～2014 年中国服务业细分行业的 Malmquist 生产率指数及其分解，得知在这 11 年，服务业的 TFP 增长率、技术效率以及技术进步增长率均存在着较大的行业异质性。具体结论：从服务业的 TFP 的年均增长率来看，2004～2014 年服务业整体 TFP 增长率平均值为 5%，教育行业的 TFP 最高，文化、体育和娱乐业的 TFP 次之，水利、环境和公共设施管理的 TFP 排在第三位，科学研究和技术服务业为第四位，租赁和商务服务业最低。只有住宿和餐饮行业的 TFP 增长率有所下滑，为 -2.5%。从各个细分行业的技术效率与技术进步增长率指数来看，2004～2014 年间服务业的技术效率增长

率为 -1.6%，技术进步增长率为 6.8%，表明服务业 TFP 的发展动力主要来自于技术进步，而技术效率比较低下，表明我国服务业还存在着技术无效率的状况；从不同功能服务业的差异看，公共性服务业 TFP 的年均增长率最高，为 8.33%，TFP 贡献率 65.78%；生活性服务业的 TFP 年均增长率次之，为 5.77%，TFP 贡献率 45.68%；生产性服务业 TFP 的年均增长率最低，为 2.89%，TFP 贡献率为 21.48%。这表明我国生产性服务业增长的质量低于生活性服务业和公共性服务业。国内生产性服务业的发展水平仍然是国民经济的“短板”，有待进一步提高。

其次，本章分析了产品内分工对中国服务业全要素生产率的影响，得出了中国服务业参与全球价值链分工对中国服务业全要素生产率的提升具有显著的正向作用。服务业在全球价值链中每提高 1%，服务业全要素生产率将提升 0.1641%，服务业技术进步指数将提升 0.058%，服务业技术效率将提升 0.0987%。这表明中国应该积极融入产品内分工体系，以此来不断提高服务业生产率，推动服务业更好发展。

第7章

全球分工体系下制造业服务化与产业价值链提升的交互效应

——基于中国制造业面板联立方程模型的实证研究

7.1　引言

当前，服务环节在全球价值链中的作用日益凸显。从世界范围来看，越来越多的制造型企业正呈现出“服务化”（Vandermerwe 和 Rada，1988；Oliva 和 Kallenberg，2003；Neely，2008；Schmenner，2009）的发展态势，在其核心产品中不断嵌入服务要素或提供集成服务（Davies 等，2006；Baines 等，2007），完成从“产品制造”到“产品制造 + 服务”的转变，这一实现过程被称为制造业服务化（servitization）。制造业服务化指制造业与服务业不断融合发展，逐步成为制造业发展的新方向和新趋势。

“中国制造 2025”提出需要积极发展服务型制造，正是制造业服务化的体现。如何推动企业实现从“生产型制造”向“服务型制造”转变，成为我国制造业转型升级和供给侧结构性改革的重要方向。中国经济发展需要逐步迈向国际分工中高端水平，谋求参与全球分工产业链和价值链的提升，服务业必将成为引领中国制造业迈向价值链中高端的新动力。那么，中国目前各制造业部门的服务化水平如何？中国制造业在全球价值链体系的攀升过程中，是否得到了国内生产性服务业和高技术服务业的有力支撑？这些问题有待论证。与此同时，中国正在深度融入全球价值链的国际分工体系，随着国际分工程度的不断深化，中国制造业取得快速的发展（Gereffi 和 Lee，2012），那么服务业尤其是生产性服务业在制造业价值链中的比重会不会也不断提高？参与全球分工体系能否助力中国企业实现服务型制造？同样是值得关注的问题。

既有研究大多只关注制造业服务化与全球价值链提升之间的单向因果关系，鲜有将两者结合起来研究双向作用机制。本书试图全面分析在全球分工格局下，制造业服务化与产业价值链提升之间是否存在一种交互关系？双向作用的影响机制是怎样的，基于技术异质性划分的高技术和中低技术制造业部门的参与程度与制造业服务化之间又分别呈现出怎样的特征？中国经济目前正处于转型的关键时期，正在向以服务业为主导的产业结构转型，企业如何更好地以服务化来引领制造业转型升级？这些问题的研究是极具理论价值和现实意义的问题。

7.2 中国制造业服务化水平与产品内分工程度指标测度

7.2.1 制造业服务化水平的测度

本章仍利用统计局颁布的2002年、2005年、2007年、2010年、2012年5年42部门的全国型投入产出表（延长表）的原始数据为基础来进行相应测算，由于这5张表之间的统计口径有所不同，我们对原始投入产出表中的行业进行了部门的合并与调整：制造业部门中将通用设备与专用设备制造业合并，归为通用、专用设备制造业一个大类；将工艺品与其他制造业以及废品、废料业合并，归为工艺品及其他制造业大类，其中2012年的投入产出表中金属制品、机械和设备修理服务业归为一类；服务业部门中交通运输、仓储和邮政业归为一个大类。2005年、2007年、2010年投入产出表中的研究与实验发展业、综合技术服务业合并统一与2012年科学研究和技术服务业对应。经过行业的合并与调整，新的投入产出表形成，共39个行业部门，其中包括16个制造业部门、14个服务业部门（生产性服务业部门7个）。

鉴于制造业产出服务化没法通过投入产出法测算得出，也没有直接的产出服务化的统计，我们用制造业投入服务化来表示制造业服务化水平。目前国内学术界测度制造业投入服务化的方法主要是基于投入产出表来分析，这一方法直观、方便，能较好地分析制造业部门与服务业部门之间的数量关系。因此，本书采用投入产出法，通过计算直接消耗系数和完全消耗系数来衡量制造业的服务化水平。

服务业的直接消耗系数用14个服务业部门的投入占总投入的比重来表示；服务业的完全消耗系数是指制造业部门单位产品的生产，对服务业各部门的直接消耗和间接消耗的总和。用公式表示为：

$$service_{ij} = a_{ij} + \sum_{k=1}^{n} b_{ik}a_{kj} + \sum_{t=1}^{n}\sum_{k=1}^{n} a_{it}a_{tk}a_{kj} + \sum_{s}^{n}\sum_{t}^{n}\sum_{k}^{n} a_{is}a_{st}a_{tk}a_{kj} + \cdots\cdots \quad (i,j=1,2,\cdots,n) \tag{7.1}$$

式中，$service_{ij}$表示服务业的完全消耗系数；i表示服务业部门；j表示制造业部门；a_{ij}表示制造业j部门对服务业i部门的直接消耗系数，表示生产单

位 j 部门产品所直接消耗服务业 i 部门的数量。从公式右边第二项开始为间接消耗系数，其中 $\sum_{k=1}^{n} b_{ik}a_{kj}$ 表示制造业 j 部门对服务业 i 部门的第一轮间接消耗数量；$\sum_{t=1}^{n}\sum_{k=1}^{n} a_{it}a_{tk}a_{kj}$ 表示制造业 j 部门对服务业 i 部门的第二轮间接消耗量；$\sum_{s}^{n}\sum_{t}^{n}\sum_{k}^{n} a_{is}a_{st}a_{tk}a_{kj}$ 为第三轮间接消耗量。依此类推，形成了制造业 j 部门对服务业 i 部门的全部间接消耗量。完全消耗系数矩阵 B 可在直接消耗系数矩阵 A 的基础上得出，公式为：$B=(I-A)^{-1}-I$，式中，I 为单位矩阵。

在合并部门的基础上，计算得出历年 16 个制造业部门和整体制造业对服务业以及生产性服务业的直接消耗系数和完全消耗系数（见表 7.1 至表 7.4、图 7.1 至图 7.4），由此来反映制造业对服务业以及生产性服务业的依赖程度。

表 7.1　2002～2012 年中国制造业部门对整体服务业的直接消耗系数

制造业行业	2002 年	2005 年	2007 年	2010 年	2012 年	均值
食品制造及烟草加工业	0.1189	0.0980	0.0897	0.0971	0.1147	0.1037
纺织业	0.1018	0.0791	0.0635	0.0654	0.0785	0.0777
服装皮革羽绒及其制品业	0.1461	0.1310	0.0873	0.1002	0.1274	0.1184
木材加工及家具制造业	0.1465	0.1294	0.0902	0.1025	0.0968	0.1131
造纸印刷及文教用品制造业	0.1377	0.1289	0.0839	0.0980	0.1147	0.1127
石油加工、炼焦及核燃料加工业	0.1048	0.1077	0.0621	0.0496	0.0523	0.0753
化学工业	0.1185	0.1035	0.0867	0.1009	0.1123	0.1044
非金属矿物制品业	0.1785	0.1463	0.1098	0.1231	0.1168	0.1349
金属冶炼及压延加工业	0.1134	0.0867	0.0713	0.0739	0.0761	0.0843
金属制品业	0.1322	0.1115	0.0760	0.0864	0.1062	0.1025
通用、专用设备制造业	0.1271	0.1153	0.0886	0.1025	0.1246	0.1116
交通运输设备制造业	0.1070	0.1037	0.0844	0.0964	0.1316	0.1046
电气、机械及器材制造业	0.1363	0.1231	0.0911	0.1090	0.1125	0.1144
通信设备、计算机及其他电子设备制造业	0.1047	0.0960	0.0948	0.1167	0.1273	0.1079
仪器仪表及文化办公用机械制造业	0.1194	0.1150	0.0834	0.0991	0.1336	0.1101
工艺品及其他制造业	0.0988	0.0850	0.0565	0.0683	0.0848	0.0787
制造业整体	0.1245	0.1100	0.0825	0.0931	0.1069	0.1034

注：将 5 年的投入产出表中的 42 部门合并统一分类，整理为 39 个部门，加上 14 个服务业整体汇总部门，共 40 个部门。

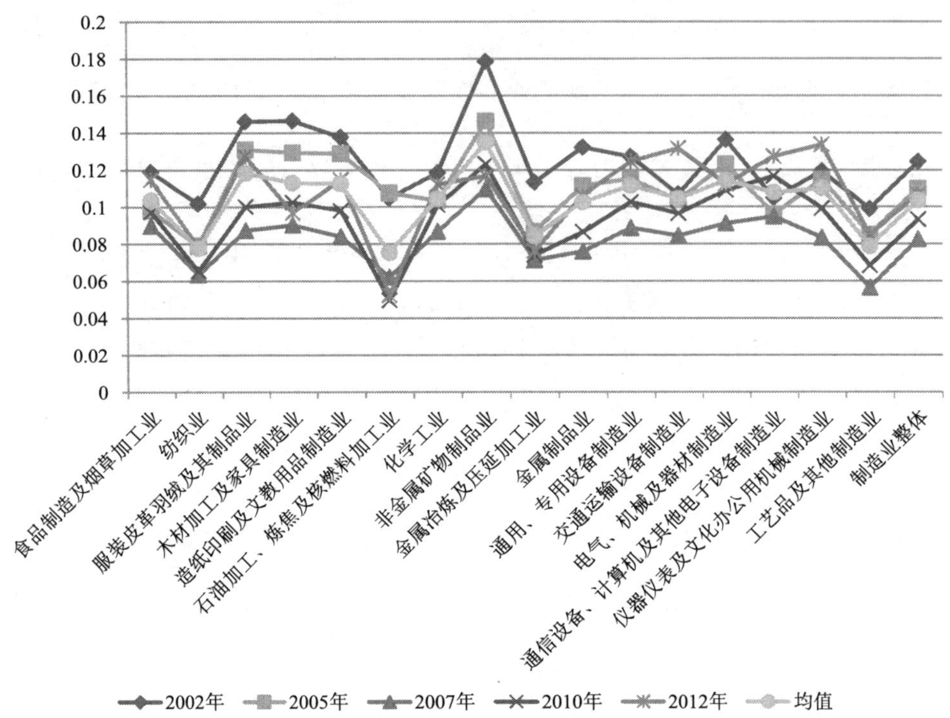

图 7－1 制造业对整体服务业的直接消耗系数变化

表 7.2 2002～2012 年中国制造业部门对整体服务业的完全消耗系数

制造业行业	2002 年	2005 年	2007 年	2010 年	2012 年	均值
食品制造及烟草加工业	0.5097	0.4869	0.4331	0.4965	0.6524	0.5157
纺织业	0.5750	0.5573	0.4693	0.5012	0.6853	0.5576
服装皮革羽绒及其制品业	0.6817	0.6691	0.5143	0.5985	0.8294	0.6586
木材加工及家具制造业	0.6668	0.6848	0.5131	0.6261	0.7584	0.6498
造纸印刷及文教用品制造业	0.6238	0.7016	0.5175	0.6230	0.8256	0.6583
石油加工、炼焦及核燃料加工业	0.4963	0.5477	0.4122	0.4013	0.5213	0.4758
化学工业	0.6213	0.6766	0.5490	0.6354	0.8572	0.6679
非金属矿物制品业	0.6980	0.7415	0.5568	0.6685	0.8270	0.6984
金属冶炼及压延加工业	0.6294	0.6505	0.5205	0.5851	0.7691	0.6309
金属制品业	0.6888	0.6987	0.5368	0.6249	0.8566	0.6812
通用、专用设备制造业	0.6619	0.7012	0.5594	0.6575	0.9362	0.7032
交通运输设备制造业	0.6431	0.7107	0.5921	0.6815	0.9854	0.7225
电气、机械及器材制造业	0.7054	0.7424	0.6068	0.7152	0.9395	0.7419

续表

制造业行业	2002 年	2005 年	2007 年	2010 年	2012 年	均值
通信设备、计算机及其他电子设备制造业	0.7079	0.7925	0.6772	0.8091	1.0715	0.8116
仪器仪表及文化办公用机械制造业	0.6814	0.7443	0.6035	0.7070	0.9858	0.7444
其他制造业（含废品废料）	0.4492	0.4604	0.3295	0.4013	0.5487	0.4378
制造业整体	0.6275	0.6604	0.5244	0.6083	0.8156	0.6472

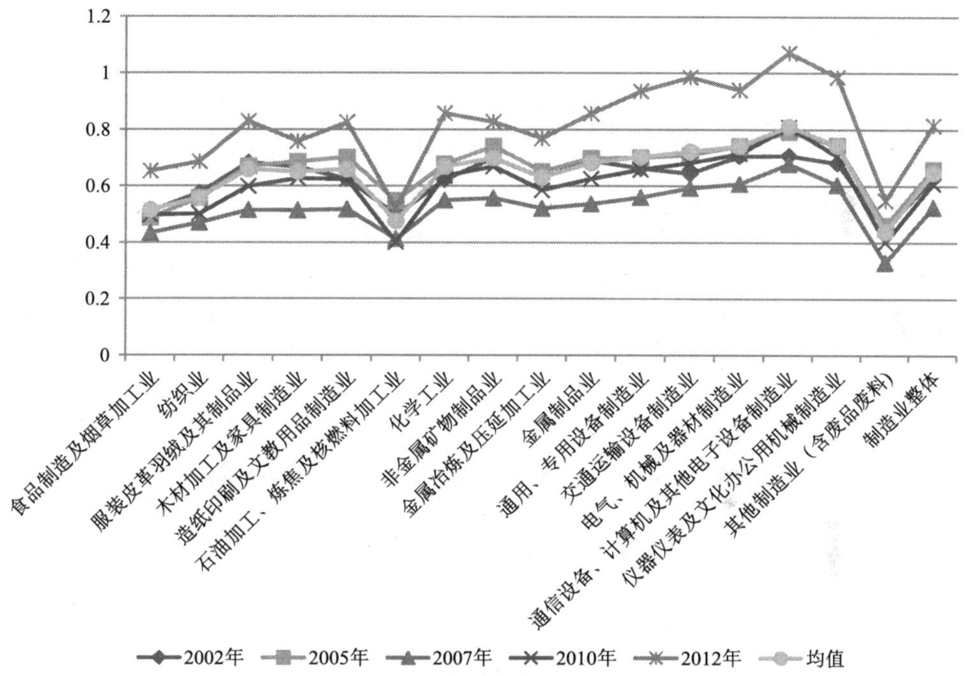

图 7－2　制造业对整体服务业的完全消耗系数变化

由表 7.1 可以看出，除了非金属矿物制品业，其余所有部门的制造业对服务业的直接消耗系数均呈现出先下降后上升的“U”形关系。从均值来看，非金属矿物制品业的直接消耗系数最高，为 0.1184，服装皮革羽绒及其制品业次之，为 0.1184。从制造业整体看，2002 年到 2007 年制造业对总体服务业的直接消耗系数从 0.1245 逐步下降到 0.0825，从 2007 年到 2012 年，直接消耗系数又转为逐年上升，上升到了 0.1069。

从表 7.2 看，在制造业部门中，通信设备、计算机、其他电子设备制造业对服务业的完全消耗系数最高，为 0.8116；仪器仪表及文化办公用机械制造业对服务业的完全消耗系数次之，为0.7444；电气、机械及器材制造业对服务业的完全消耗系数排在第三位，为0.7419；而石油加工、炼焦及核燃料加工业对服务业的完全消耗系数为0.4758；工艺品及其他制造业对服务业的完全消耗系数为0.4378，比较低。2002年到2005年，除了食品制造及烟草加工业、纺织业服装皮革羽绒及其制品业，其余产业均不断上升，2005年到2007年所有制造业部门对服务业的完全消耗系数均下降，2007年以后到2012年又转为不断上升的“N”形轨迹。从制造业整体看，对服务业的完全消耗系数呈现“N”形的变化趋势。

表7.3　2002~2012年中国制造业部门对生产性服务业的直接消耗系数

制造业行业	2002年	2005年	2007年	2010年	2012年	均值
食品制造及烟草加工业	0.1121	0.0887	0.0839	0.0920	0.1108	0.0975
纺织业	0.0937	0.0695	0.0564	0.0591	0.0747	0.0707
服装皮革羽绒及其制品业	0.1333	0.1132	0.0738	0.0870	0.1233	0.1061
木材加工及家具制造业	0.1375	0.1201	0.0816	0.0945	0.0919	0.1051
造纸印刷及文教用品制造业	0.1276	0.1168	0.0733	0.0868	0.1073	0.1024
石油加工、炼焦及核燃料加工业	0.0967	0.1009	0.0594	0.0478	0.0492	0.0708
化学工业	0.1088	0.0925	0.0795	0.0939	0.1064	0.0962
非金属矿物制品业	0.1675	0.1335	0.1000	0.1145	0.1098	0.1250
金属冶炼及压延加工业	0.1049	0.0767	0.0663	0.0697	0.0721	0.0779
金属制品业	0.1216	0.1003	0.0664	0.0776	0.0984	0.0929
通用、专用设备制造业	0.1174	0.1038	0.0789	0.0942	0.1163	0.1021
交通运输设备制造业	0.0998	0.0937	0.0780	0.0909	0.1232	0.0971
电气、机械及器材制造业	0.1279	0.1145	0.0840	0.1024	0.1057	0.1069
通信设备、计算机及其他电子设备制造业	0.0988	0.0886	0.0902	0.1120	0.1218	0.1023
仪器仪表及文化办公用机械制造业	0.1012	0.0960	0.0748	0.0907	0.1250	0.0975
工艺品及其他制造业	0.0927	0.0783	0.0502	0.0617	0.0794	0.0724
制造业整体	0.1151	0.0992	0.0748	0.0859	0.1010	0.0952

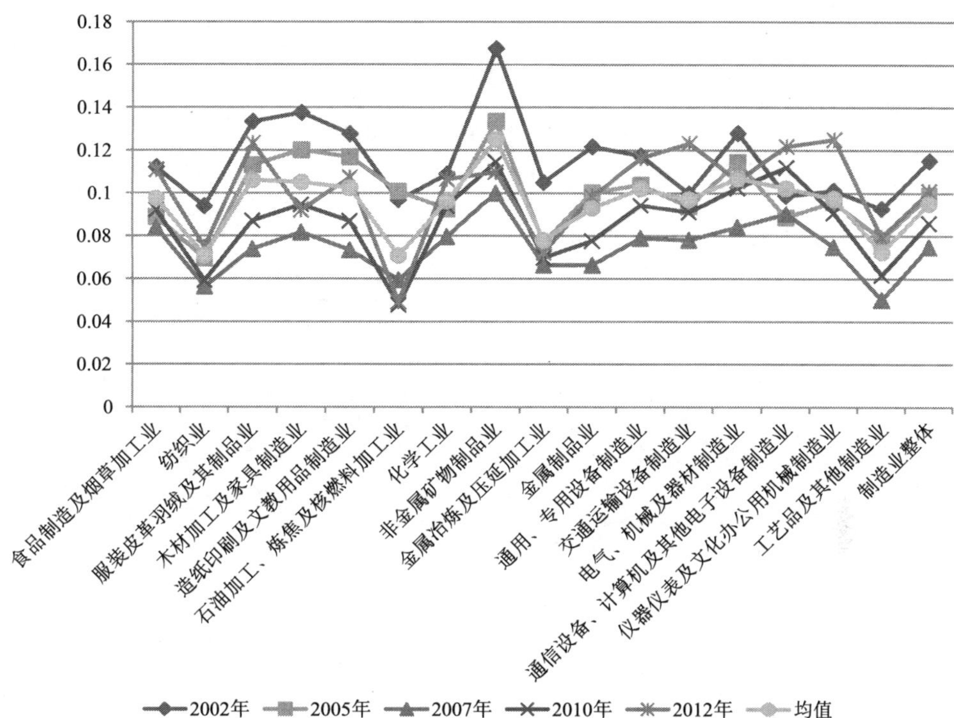

图7-3　制造业对生产性服务业的直接消耗系数变化

表7.4　2002~2012年中国制造业部门对生产性服务业的完全消耗系数

制造业行业	2002年	2005年	2007年	2010年	2012年	均值
食品制造及烟草加工业	0.4394	0.4079	0.3623	0.4366	0.5744	0.4441
纺织业	0.4889	0.4600	0.3850	0.4334	0.5974	0.4729
服装皮革羽绒及其制品业	0.5777	0.5482	0.4161	0.5111	0.7287	0.5563
木材加工及家具制造业	0.5734	0.5792	0.4242	0.5454	0.6621	0.5569
造纸印刷及文教用品制造业	0.5324	0.5869	0.4229	0.5353	0.7163	0.5588
石油加工、炼焦及核燃料加工业	0.4202	0.4594	0.3435	0.3516	0.4507	0.4051
化学工业	0.5273	0.5600	0.4558	0.5556	0.7470	0.5691
非金属矿物制品业	0.5987	0.6197	0.4600	0.5834	0.7173	0.5958
金属冶炼及压延加工业	0.5354	0.5342	0.4333	0.5125	0.6678	0.5366
金属制品业	0.5859	0.5786	0.4409	0.5418	0.7408	0.5776
通用、专用设备制造业	0.5641	0.5826	0.4623	0.5745	0.8124	0.5992
交通运输设备制造业	0.5495	0.5916	0.4952	0.6010	0.8559	0.6186
电气、机械及器材制造业	0.6042	0.6237	0.5074	0.6293	0.8168	0.6363

续表

制造业行业	2002 年	2005 年	2007 年	2010 年	2012 年	均值
通信设备、计算机及其他电子设备制造业	0.6086	0.6679	0.5759	0.7203	0.9381	0.7022
仪器仪表及文化办公用机械制造业	0.5674	0.6096	0.5037	0.6204	0.8572	0.6317
工艺品及其他制造业	0.3850	0.3861	0.2710	0.3476	0.4757	0.3731
制造业整体	0.5349	0.5497	0.4350	0.5312	0.7099	0.5521

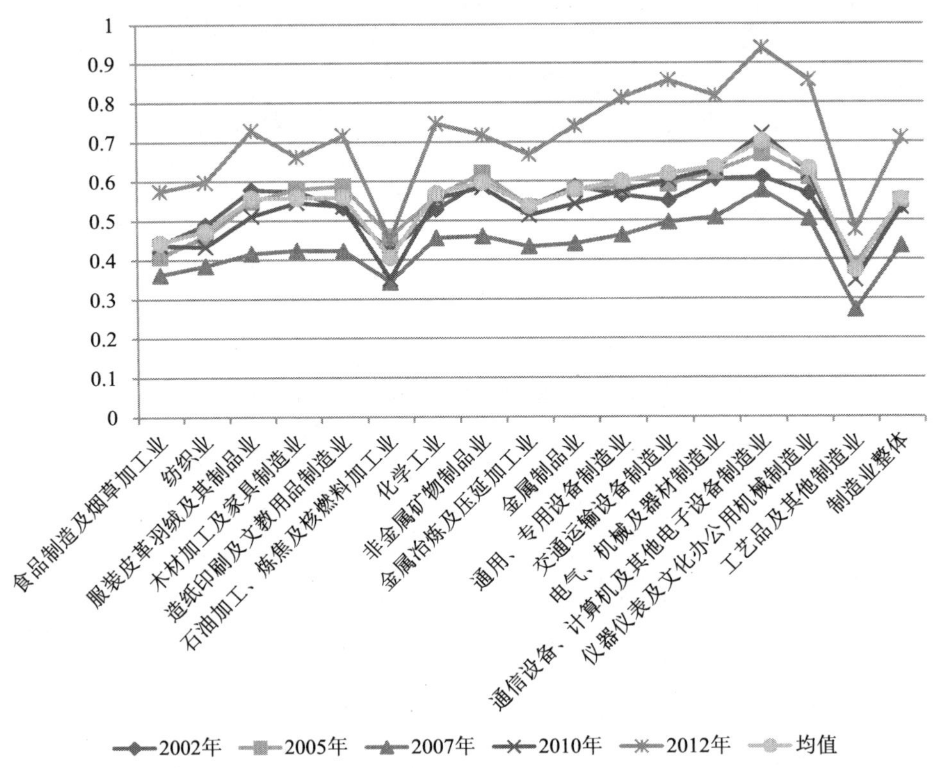

图 7-4　制造业对生产性服务业的完全消耗系数变化

由表 7.3 可以看出，除了非金属矿物制品业，其余所有部门的制造业对生产性服务业的直接消耗系数均呈现出先下降后上升的"U"形关系。从均值来看，排名前 5 位的依次为：非金属矿物制品业对生产性服务业的直接消耗系数仍为最高，为 0.1250，电气、机械及器材制造业次之，为 0.1069，服装皮革羽绒及其制品业为 0.1061，通信设备、计算机及其他电子设备制造业为 0.1023，通用、专用设备制造业为 0.1021。从制造业整体看，生产性服务业对制造业的直接投入水平先从 2002 年的 0.1151 下降到 2007 年的 0.0748，又上升到2012年的0.1010。

表7.4中，从制造业部门对生产性服务业的完全消耗系数的均值看，排名前5位的依次为：通信设备、计算机及其他电子设备制造业对生产性服务业的完全消耗系数的均值最高，为0.7022，电气、机械及器材制造业对生产性服务业的完全消耗系数的均值次之，为0.6363，仪器仪表及文化办公用机械制造业对生产性服务业的完全消耗系数的均值为0.6317，交通运输设备制造业为0.6186，通用、专用设备制造业为0.5992。2002年到2012年，除了食品制造及烟草加工业、纺织业、服装皮革羽绒及其制品业，其余各制造业部门以及制造业整体对生产性服务业的完全消耗系数均呈现先上升再下降再上升的N型变化轨迹：从2002年的0.5349缓慢上升到2005年的0.5497，又下降至2007年的0.4350，之后不断上升到2012年的0.7099。

7.2.2　中国制造业参与产品内分工程度的衡量

本章仍采用国内投入产出表，借鉴Hummels等（2001）提出的垂直专业化指数的方法来度量中国各行业在全球价值链中的参与程度。由于国内为竞争型的投入产出表，表中并没有区别来自国内和进口的中间产品的数量，因此为了得到A^M，参考国内大多数学者的做法（北京大学中国经济研究中心课题组，2006；臧旭恒、赵明亮，2011；王玉燕等，2014），假设行业i投入的中间产品中，来自国外进口和来自国内比例、最终产品中进口与国内生产比例均相同。则可以推导出：

$$\frac{I_{ki}^M}{I_{ki}^M + I_{ki}^D} = \frac{I_{ki}^M + F_{ki}^M}{F_{ki}^M + I_{ki}^M + F_{ki}^D + I_{ki}^D} = \frac{M_{ki}}{Y_{ki} + M_{ki} + X_{ki}} \tag{7.2}$$

式中，F_{ki}^M、F_{ki}^D表示K国行业i国外进口和本土生产的最终产品量；I_{ki}^M和I_{ki}^D表示行业i国外进口和本土生产的中间品量。按照这一比例即可确定进口的中间投入品的比例，进而得出A^M矩阵。由此进一步，便可计算出历年中国整体和各行业的垂直专业化指数（见表7.5）。

表7.5　2002～2012年中国各产业部门的垂直专业化VSS指数

行业	2012年	2010年	2007年	2005年	2002年	均值
农林牧渔产品和服务业	0.0736	0.0765	0.0772	0.0874	0.0638	0.0757
煤炭采选业	0.1026	0.1198	0.1243	0.1564	0.0903	0.1187

续表

行业	2012 年	2010 年	2007 年	2005 年	2002 年	均值
石油和天然气开采业	0.0995	0.1121	0.1156	0.0964	0.0715	0.0990
金属矿采选业	0.1825	0.1925	0.1940	0.2147	0.1296	0.1826
非金属矿和其他矿采选业	0.1376	0.1641	0.1563	0.2107	0.1193	0.1576
食品制造及烟草加工业	0.1050	0.1201	0.1152	0.1247	0.0874	0.1105
纺织业	0.1326	0.1528	0.1690	0.2110	0.1805	0.1692
服装皮革羽绒及其制品业	0.1299	0.1559	0.1624	0.2085	0.1865	0.1687
木材加工及家具制造业	0.1392	0.1644	0.1537	0.1909	0.1359	0.1568
造纸印刷及文教用品制造业	0.1689	0.1941	0.1919	0.2212	0.1451	0.1842
石油加工、炼焦及核燃料加工业	0.3953	0.3343	0.3171	0.2118	0.2286	0.2974
化学工业	0.2084	0.2262	0.2373	0.2509	0.1845	0.2215
非金属矿物制品业	0.1592	0.1721	0.1621	0.2027	0.1354	0.1663
金属冶炼及压延加工业	0.2728	0.2707	0.2573	0.2643	0.1746	0.2479
金属制品业	0.2176	0.2202	0.2204	0.2478	0.1809	0.2174
通用、专用设备制造业	0.2384	0.2383	0.2470	0.2642	0.2054	0.2387
交通运输设备制造业	0.2235	0.2424	0.2552	0.2645	0.2046	0.2380
电气、机械及器材制造业	0.2528	0.2627	0.2790	0.2833	0.2176	0.2591
通信设备、计算机及其他电子设备制造业	0.3949	0.3891	0.4461	0.4731	0.3723	0.4151
仪器仪表及文化办公用机械制造业	0.3123	0.3419	0.3822	0.3779	0.3021	0.3433
工艺品及其他制造业	0.1196	0.1297	0.1225	0.1497	0.1064	0.1256
电力、热力的生产和供应	0.1467	0.1429	0.1482	0.2027	0.1013	0.1484
燃气生产和供应	0.3428	0.3012	0.2930	0.1793	0.1376	0.2508
水的生产和供应	0.0878	0.0991	0.1011	0.1405	0.0899	0.1037
建筑业	0.1661	0.1697	0.1864	0.2045	0.1693	0.1792
批发和零售业	0.0501	0.1534	0.1415	0.1710	0.1110	0.1254
交通运输、仓储和邮政业	0.1535	0.1225	0.1301	0.2297	0.1618	0.1595
住宿和餐饮业	0.0798	0.0539	0.0850	0.0823	0.0948	0.0792
信息传输、软件和信息技术服务业	0.1392	0.0955	0.0976	0.1131	0.0759	0.1043
金融业	0.0603	0.0571	0.0575	0.0946	0.0655	0.0670
房地产业	0.0317	0.0490	0.0394	0.0472	0.0481	0.0431
租赁和商务服务业	0.1625	0.1583	0.1988	0.3058	0.2003	0.2051
科学研究和技术服务业	0.1705	0.1441	0.1601	0.2035	0.0553	0.1467

续表

行业	2012 年	2010 年	2007 年	2005 年	2002 年	均值
水利、环境和公共设施管理业	0.1107	0.1444	0.1216	0.1623	0.1133	0.1305
居民服务、修理和其他服务业	0.1116	0.1193	0.1489	0.1547	0.1329	0.1335
教育事业	0.0467	0.0531	0.1040	0.0990	0.0755	0.0756
卫生和社会工作事业	0.1377	0.1796	0.1893	0.2308	0.1370	0.1749
文化、体育和娱乐业	0.0856	0.1017	0.1231	0.1434	0.1013	0.1110
公共管理、社会保障和社会组织	0.0718	0.0680	0.0947	0.1067	0.0796	0.0842
中国整体垂直专业化指数	0.2244	0.2353	0.2591	0.2773	0.1992	0.2390

表 7.5 的测算结果可以看出，中国整体垂直专业化指数经历一个先上升后下降的倒“U”形变化，从 2002 年的 0.1992 上升到 2005 年的 0.2773，之后逐步下降到 2007 年的 0.2591、2010 年的 0.2353 和 2012 年的 0.2244。中国整体的垂直专业化指数平均为 0.2390，16 个制造业整体的垂直专业化指数为 0.22247，14 个服务业部门整体的垂直专业化指数为 0.11714，说明中国服务业在全球价值链的参与程度不及制造业部门。

由于考虑制造业参与全球分工程度与制造业服务化之间的关系，因此，我们重点看制造业的垂直专业化指数，从 16 个制造业的均值看，通信设备、计算机及其他电子设备制造业的 VSS 程度最高，为 0.4151，仪器仪表及文化办公用机械制造业的 VSS 程度次之，为 0.3433，石油加工、炼焦及核燃料加工业的 VSS 程度为 0.2974，电气、机械及器材制造业的 VSS 程度为 0.2591，金属冶炼及压延加工业的 VSS 程度为 0.2479，通用、专用设备制造业的 VSS 程度为 0.2387，交通运输设备制造业的 VSS 程度为 0.2380。并且这些行业大都为高技术产业。

7.3　实证检验与分析

7.3.1　模型设定与变量说明

本章重点检验制造业服务化与行业参与产品内分工程度之间存在着怎样

的交互关系，由于直接用单方程模型估计往往容易忽视两者之间的内生关系，因此，考虑内生变量的影响，构建本章的联立方程模型如下：

$$PROSER_{it} = \delta_0 + \delta_1 VSS_{it} + \delta_2 OPEN_{it} + \delta_3 RD_{it} + \delta_4 FDI_{it} + \delta_5 GOVERN_{it} + \\ + \delta_6 COST_{it} + \delta_7 DEBTS_{it} + \delta_8 TASSETS_{it} + \delta_9 dummy + \delta_{10} dummy \cdot VSS + \varepsilon_{it} \tag{7.3}$$

$$VSS_{it} = \gamma_0 + \gamma_1 PROSER_{it} + \gamma_2 OPEN_{it} + \gamma_3 RD_{it} + \gamma_4 FDI_{it} + \gamma_5 GOVERN_{it} + \\ + \gamma_6 FINANCE_{it} + \gamma_7 CAPITAL_{it} + \mu_{it} \tag{7.4}$$

式中，下标 i 表示省份（$i=1,2,3,\cdots,16$）；t 表示年份（$t=2002,2005,2007,2010,2012$）；$PROSER_{it}$、$VSS_{it}$ 为内生变量；$OPEN_{it}$、FDI_{it}、RD_{it}、$GOVERN_{it}$、$COST_{it}$、$DEBTS_{it}$、$TASSETS_{it}$、$FINANCE_{it}$ 和 $CAPITAL_{it}$ 为外生变量，$dummy$ 为行业虚拟变量。高技术部门的制造业[①]取值为 1，中低技术的制造业部门取值为 0。引入交互项 $dummy \cdot VSS$，可以考察在异质性制造业行业参与产品内分工程度对制造业服务化的影响，其中 δ_1 与 $\delta_1+\delta_{10}$ 分别表示中低技术制造业部门和高技术制造业部门对制造业服务化的影响效应。ε_{it} 和 μ_{it} 为随机扰动项。

变量的定义如下：①$PROSER_{it}$ 表示制造业服务化水平。本章用前文测度的中国制造业部门对生产性服务业的完全消耗系数来表示。VSS_{it} 表示垂直专业化指数，主要用来分析中国各制造业参与产品内国际生产分工的程度。②$OPEN_{it}$ 表示行业的对外开放程度。选用规模以上工业企业的出口交货值与该行业工业销售产值（当年价格）的比值来衡量。③FDI_{it} 表示外资参与程度。本章选取规模以上工业企业中外商资本和港澳台资本占实收资本的比重来反映各行业中的外资参与度。④$GOVERN_{it}$ 表示政府干预程度。用国有及国有控股工业销售产值（当年价格与全部规模以上工业企业销售产值（当年价格）的比值来衡量。⑤RD_{it} 表示研发投入强度，本章采用大中型工业企业[②]科技活

① 本书中低技术部门包括 9 个：食品制造及烟草加工业，纺织业，服装皮革羽绒及其制品业，木材加工及家具制造业，造纸印刷及文教用品制造业，石油加工、炼焦及核燃料加工业，非金属矿物制品业，金属冶炼及压延加工业，工艺品及其他制造业。高技术部门包括 7 个：化学工业，金属制品业，通用、专用设备制造业，交通运输设备制造业，电气、机械及器材制造业，通信设备、计算机及其他电子设备制造业，仪器仪表及文化办公用机械制造业。

② 2011 年开始，统计上将从业人员 300 人及以上并且主营业务收入在 2000 万元及以上的工业企业认定为大中型工业企业。

动经费内部支出总额（万元）占主营业务收入（万元）的比重来衡量，以此来评价企业的创新能力。⑥$COST_{it}$表示成本费用利润率。该指标在一定程度上反映了企业的经济效益，本章用规模以上工业企业利润总额与成本费用总额两者的比值来衡量。成本费用总额包括主营业务成本以及三项期间费用。⑦$DEBTS_{it}$表示资产负债率。该指标反映了企业在经营上存在的风险大小，本章用规模以上工业企业负债总额与资产总额的比值来衡量。⑧$TASSETS_{it}$表示总资产贡献率。该指标反映了企业资产获利能力的大小，用规模以上工业企业“利润总额 + 税金总额 + 利息支出”所得的总和，再与平均资产总额相比的指标来衡量。⑨$FINANCE_{it}$表示融资水平。用全部国有及规模以上非国有工业企业利息支出占负债合计的比重来衡量。⑩$CAPITAL_{it}$代表资本密集度。用全部国有及规模以上非国有工业企业固定资产净值年平均余额（亿元）与全部从业人员年平均人数（万人）之比来表示。全部从业人员年平均人数（万人）是指报告期内 12 个月的平均就业人数之和。

7.3.2　数据的来源与说明

本章重点考察的是制造业服务化与制造业价值链提升之间的关系，两个核心的内生变量：制造业服务化水平和各制造业参与 GVC 程度的测算依赖于 2002 年、2005 年、2007 年、2010 年和 2012 年投入产出表（延长表），我们在测算时进行了行业的合并与调整。

行业的对外开放度、外资参与度、政府干预程度、融资水平、资产负债率的原始数据来自于《中国统计年鉴》《中国工业经济统计年鉴》和中经网统计数据库。计算成本费用利润率、总资产贡献率、固定资产原值与累计折旧的原始数据以及全部从业人员年平均人数数据均来自 Wind 数据库，其中全部从业人员年平均人数的月度数据，经过变频处理为年度数据。研发数据来源于历年《中国科技统计年鉴》。由于 2012 年没有大中型工业企业的相关 R&D 经费指标，本书采用规模以上工业企业的相关数据做近似代替。固定资产净值由固定资产原值与累计折旧之差，利用固定资产投资价格指数以 2002 年为基期的不变价格进行平减，并进行了自然对数的处理，以剔除价格因素影响。

变量说明如表 7.6 所示。

表 7.6　　关键变量的描述性统计

变量名称	变量	单位	观测值	均值	标准差	最小值	最大值
制造业服务化水平	PROSER	%	80	0.552	0.128	0.271	0.938
产品内分工程度	VSS	%	80	0.222	0.0837	0.0874	0.473
产业开放度	OPEN	%	79	0.205	0.165	0.00974	0.681
资本密集度	CAPITAL	亿元/万人	79	2.306	0.706	0.835	4.077
融资水平	FINANCE	%	79	0.0210	0.0137	0.00594	0.130
外商直接投资	FDI	%	79	0.323	0.138	0.0457	0.704
研发投入	RD	%	79	0.0131	0.00775	0.00162	0.0334
政府干预程度	GOVERN	%	79	0.206	0.206	0.00940	0.873
成本费用利润率	COST	%	79	0.0594	0.0218	-0.0100	0.103
总资产贡献率	TASSETS	%	79	0.139	0.0563	0.0709	0.333
资产负债率	DEBTS	%	79	0.571	0.0490	0.368	0.658

7.4　实证结果及分析

在估计联立方程时，若采用单一方程估计法，由于有内生变量的存在，若直接使用 OLS 估计方程中的每一个方程，则容易导致内生变量的偏差（endogeneity bias）或者联立方程偏差（simultaneity bias）问题，从而使估计变得不够准确；二阶段最小二乘法（2SLS）也是一种单一方程估计法，但若不同方程的随机误差项之间存在的相关性，其估计结果可能并不是最有效率的。作为一种最常见的系统估计方法，三阶段最小二乘法（3SLS）对整个联立方程系统的估计最有效，可以较好地克服联立方程组中不同方程随机误差项同期相关的问题，本书采用三阶段最小二乘法对联立方程进行估计。同时作为参照对比，也采用单一方程 OLS、单一方程 2SLS 以及迭代式 3SLS 方法分别进行估计。

在对联立方程参数估计之前，必须进行“可识别”检验。根据联立方程识别的条件可知，该联立方程模型为过度识别模型。

7.4.1　制造业总体样本回归

我们先把 16 个制造行业作为一个整体来进行考察制造业服务化与全球价

值链提升的交互影响。

估计结果如表 7.7 所示。

表 7.7　　16 个制造业总体样本的联立方程估计结果

	OLS		2SLS		3SLS		3SLS_iter	
变量名称	模型（1）方程 1	模型（2）方程 2	模型（3）方程 1	模型（4）方程 2	模型（5）方程 1	模型（6）方程 2	模型（7）方程 1	模型（8）方程 2
ProSER		0.0904 **		0.0631		0.0733		0.0759
		(0.042)		(0.107)		(0.101)		(0.101)
VSS	0.7236 ***		0.8102 ***		0.7916 ***		0.7867 ***	
	(0.214)		(0.299)		(0.281)		(0.281)	
Cost	2.7394 **		2.6492 **		2.8728 ***		2.9298 ***	
	(1.108)		(1.130)		(1.059)		(1.059)	
Debts	-0.1610		-0.1941		-0.0720		-0.0397	
	(0.347)		(0.357)		(0.329)		(0.325)	
Tassets	-1.0023 ***		-1.0081 ***		-0.9297 ***		-0.9102 ***	
	(0.355)		(0.355)		(0.332)		(0.331)	
Capital		0.0829 ***		0.0850 ***		0.0844 ***		0.0842 ***
		(0.010)		(0.013)		(0.012)		(0.012)
Finance		-0.4141		-0.3850		-0.2292		-0.1899
		(0.423)		(0.437)		(0.407)		(0.403)
OPEN	0.0549	0.4742 ***	0.0192	0.4800 ***	0.0448	0.4782 ***	0.0511	0.4777 ***
	(0.204)	(0.062)	(0.221)	(0.066)	(0.208)	(0.063)	(0.208)	(0.063)
Govern1	-0.1679	0.0505	-0.1882	0.0430	-0.1722	0.0502	-0.1681	0.0521
	(0.115)	(0.040)	(0.125)	(0.049)	(0.118)	(0.046)	(0.118)	(0.046)
RD	-2.6020	3.4304 ***	-2.7252	3.5734 ***	-2.7860	3.5966 ***	-2.8054	3.6025 ***
	(2.462)	(0.749)	(2.483)	(0.910)	(2.331)	(0.863)	(2.332)	(0.863)
FDI	-0.3058	-0.0790	-0.3019	-0.0820	-0.2997	-0.0727	-0.2989	-0.0703
	(0.228)	(0.086)	(0.228)	(0.087)	(0.215)	(0.082)	(0.215)	(0.082)
Constant	0.6170 **	-0.1362 ***	0.6345 **	-0.1269 **	0.5363 **	-0.1389 ***	0.5107 **	-0.1419 ***
	(0.243)	(0.042)	(0.247)	(0.053)	(0.228)	(0.050)	(0.225)	(0.050)
Observations	79	79	79	79	79	79	79	79
R-squared	0.325	0.756	0.323	0.755	0.322	0.755	0.321	0.755
F-Stat	4.21	31.48	3.69	30.70				
	(0.0001)	(0.0000)	(0.0006)	(0.0000)				
chi2					33.38	239.10	33.35	239.33
					(0.0001)	(0.0000)	(0.0001)	(0.00000

注：括号内的数字为系数估计值的 t 统计量，其中显著性水平为："***" 表示 $p<0.01$，"**" 表示 $p<0.05$，"*" 表示 $p<0.1$。

表7.7中，方程1表示制造业服务化方程，考察的是各制造业参与全球生产分工体系对每个产业服务化水平的影响；方程2表示垂直专业化分工的方程，考察各制造业服务化投入水平对每个产业价值链中高端提升的影响。为了更清楚地通过模型说明两者之间的相互作用，本书首先分别对每个单方程进行了OLS和2SLS估计〔模型（1）至模型（4）〕，然后用联立方程系统的估计，通过3SLS和迭代式3SLS方法〔模型（5）至模型（8）〕，检验了制造业服务化与我国产业价值链提升之间的内生互动关系。

可以看出，在方程1的估计结果中，不论采用哪种估计方法，价值链参与度的方程对制造业服务化水平的影响系数为正，分别为0.7236、0.8102、0.7916和0.7867，且均在1%的显著性水平上高度显著。且这些系数变化不大。表明从行业层面看，在其他条件不变的情况下，我国各制造业部门参与全球价值链分工体系的不断深化，对国内生产服务业的发展具有显著的正向影响。由3SLS的回归结果显示，制造业嵌入产品内分工程度每提高1%，国内制造业服务化程度提高0.7916%。成本费用利润率变量的系数估计值在所有的结果中均显著为正，说明对制造业服务化水平具有正向作用。表明企业降低成本，获得经济效益后可以投入更多地服务业部门，提升价值。总资产贡献率系数的符号为负，且在1%的显著性水平上对制造业服务化水平具有负向作用。可能的原因在于企业盈利能力与制造业服务化程度之间存在一种“U”形的非线性关系。资产负债率的估计系数为负，但也不显著。

在方程2的估计结果中，只有采用单一方程OLS估计时，制造业服务化水平对制造业垂直专业化的影响系数为正，且在5%的显著性水平上显著。采用2SLS和3SLS以及迭代式3SLS方法，均未通过显著性检验。原因在于，虽然目前我国服务业有了较快发展，但现代服务业，尤其是技术含量高的生产服务业与新兴服务业的发展水平仍不高，缺乏为中国产业向全球价值链中高端攀升的强有力支撑。资本密集度对制造业价值链提升的影响系数为正，且始终在1%的显著性水平上高度显著。但国内的融资水平对价值链的提升影响并不显著。

对于其他变量，回归结果显示：研发强度对制造业服务化水平的估计系数为负，未能通过显著性检验，这是由于目前国内许多企业的研发水平比较低，研发投入结构不够合理所致。但在价值链的提升方程中，研发水平通过了显著性检验，并且在1%的显著性水平上对产业价值链提升具有正向作用。产业开放度在方程1中为通过显著性检验，但是在方程2中通过了显著性检验，且在1%的显著性水平上对产业价值链提升具有正向作用。政府干预程度和外商直接投资指标在两个方程中均未通过显著性检验。

7.4.2　基于不同技术的制造业部门的划分回归

由于不同技术的制造业参与全球价值链分工的程度可能不同，本书进一步考虑行业异质性，划分不同的技术类别，对中低技术类型和高技术类型的制造业进行分析，回归结果如表 7.8 所示。

表 7.8　　中低技术和高技术制造业部门的联立方程估计结果

	OLS		2SLS		3SLS		3SLS_ iter	
变量名称	模型（9）方程 1	模型（10）方程 2	模型（11）方程 1	模型（12）方程 2	模型（13）方程 1	模型（14）方程 2	模型（15）方程 1	模型（16）方程 2
ProSER		0.0904 **		0.2953 ***		0.3057 ***		0.3042 ***
		(0.042)		(0.086)		(0.081)		(0.083)
VSS	-0.0339		0.1338		-0.9037		-0.8276	
	(0.354)		(0.844)		(0.733)		(0.788)	
OPEN	0.0735	0.4742 ***	0.0689	0.4304 ***	-0.0752	0.4303 ***	-0.0651	0.4303 ***
	(0.207)	(0.062)	(0.208)	(0.074)	(0.180)	(0.070)	(0.194)	(0.071)
Govern1	-0.1700	0.0505	-0.1812	0.1070 ***	-0.1839 *	0.1219 ***	-0.1845	0.1197 ***
	(0.109)	(0.040)	(0.120)	(0.050)	(0.108)	(0.047)	(0.115)	(0.048)
Cost	1.8516 *		1.8956 *		0.8428		0.9057	
	(1.077)		(1.097)		(0.833)		(0.930)	
Debts	0.1168		0.0479		0.7733 **		0.7136 *	
	(0.350)		(0.471)		(0.369)		(0.408)	
RD	-7.6330 ***	3.4304 ***	-7.2757 **	2.3552 **	-8.9161 ***	2.5360 ***	-8.7820 ***	2.5097 ***
	(2.756)	(0.749)	(3.207)	(0.940)	(2.909)	(0.885)	(3.098)	(0.901)
FDI	-0.4889 **	-0.0790	-0.4705 **	-0.0562	-0.5182 **	-0.0314	-0.5154 **	-0.0350
	(0.221)	(0.086)	(0.237)	(0.099)	(0.218)	(0.093)	(0.231)	(0.095)
Tassets	-0.9212 ***		-0.9279 ***		-0.4400 *		-0.4742	
	(0.334)		(0.336)		(0.264)		(0.292)	
dummy	-0.0348		-0.0026		-0.2945 **		-0.2729 *	
	(0.118)		(0.189)		(0.146)		(0.162)	
dummyVSS	0.8029		0.6110		2.2266 ***		2.1085 **	
	(0.540)		(1.030)		(0.831)		(0.911)	

续表

	OLS		2SLS		3SLS		3SLS_ iter	
变量 名称	模型（9） 方程1	模型（10） 方程2	模型（11） 方程1	模型（12） 方程2	模型（13） 方程1	模型（14） 方程2	模型（15） 方程1	模型（16） 方程2
Capital		0.0829 ***		0.0676 ***		0.0678 ***		0.0678 ***
		(0.010)		(0.013)		(0.012)		(0.013)
Finance		-0.4141		-0.6329		-0.1580		-0.2272
		(0.423)		(0.493)		(0.381)		(0.409)
Constant	0.7084 ***	-0.1362 ***	0.7104 ***	-0.2056 ***	0.5216 ***	-0.2353 ***	0.5400 ***	-0.2310 ***
	(0.230)	(0.042)	(0.230)	(0.054)	(0.171)	(0.048)	(0.192)	(0.049)
Observations	79	79	79	79	79	79	79	79
R - squared	0.421	0.756	0.419	0.676	0.334	0.663	0.348	0.666
F - Stat	4.95	31.48	4.93	24.89				
	(0.0001)	(0.0000)	(0.0000)	(0.0000)				
chi2					70.24	197.81	59.82	190.47
					(0.0000)	(0.0000)	(0.0000)	(0.00000)

注：括号内的数字为系数估计值的t统计量，其中显著性水平为："***"表示 p<0.01，"**"表示 p<0.05，"*"表示 p<0.1。

表7.8中模型（9）至模型（16），引入制造业技术特征与垂直专业化程度的交互项来考察不同技术类型的制造业部门参与全球分工体系对国内制造业服务化水平的影响效应。从回归结果来看，中低技术与高技术制造业部门之间存在着明显的异质性：无论是单一方程 OLS 或 2SLS 估计方法还是采用 3SLS 以及迭代式 3SLS 系统估计方法，中低技术制造业部门垂直化专业分工程度对制造业服务化的回归系数均为负值，且均未能通过显著性检验，原因在于我国中低技术制造业参与全球分工体系，往往与位于价值链低端环节从事低附加值环节的加工贸易有关，未能显著带动国内制造业服务化水平的发展。使得企业的生产服务需求往往停留在批发与零售等低端服务环节，对研发设计、技术服务和品牌等高端服务领域的需求不足。

表7.8中，交互项的回归系数在 OLS 和 2SLS 估计中未能通过显著性检验，但采用 3SLS 和迭代式 3SLS 的估计方法，估计系数为正，且在1%或5%的水平上对制造业服务化水平具有正向效应。此外对于方程2，制造业服务化水平对制造业垂直专业化程度的系数符号为正，通过了显著性检验，至少在5%或1%的水平上显著，这与预期相符。表明在高技术制造业部门中，存在着制造业服务化与全球化产业分工合作的交互作用。由 3SLS 的回归结果显

示，高技术制造业部门嵌入产品内分工程度每提高 1%，会带来国内制造业服务化水平提高 2.2266%；制造业服务化水平每提高 1%，会带来全球价值链 0.3057% 的提升，两者相互影响，相互促进。一方面，金属制品业，化学工业，电气、机械器材，通信设备、计算机及其他电子设备制造业和仪器仪表等高技术部门技术含量水平高，创造的附加价值大，这些行业参与全球价值链分工，势必会带动国内生产服务业水平的发展，提高制造业的服务化水平；另一方面，制造业服务化的过程本身就是企业不断进行组织、技术创新的过程。伴随着制造业中的服务型中间投入的比重上升，尤其是不断融入产品设计、研发、品牌管理等高级的生产性服务要素，必将为推动企业向价值链的中高端跃升提供保障。

在方程 1 中，成本费用利润率变量的系数估计值在各模型中均显示为正，但显著性减弱，只有用 2SLS 估计时 10% 的水平上显著。总资产贡献率系数的符号仍显著为负。但此时资产负债率的估计系数显著为正。在方程 2 中，资本密集度的估计系数仍为正，且均在 1% 的水平上对价值链的提升有显著的正向影响，融资水平变量仍不显著。

对于共同的影响因素，研发投入强度的系数估计值在方程 1 均为负值，在 1% 或 5% 显著性水平上显著，表明研发水平与我国制造业服务化水平存在负相关关系，结果与预期相反。这可能与我国企业研发投入中仍存在着诸多结构性问题有关，研发投入强度低、高技术研发占比较低、研发活动的质量仍有待改进从而影响制造业服务化水平的投入。但在方程 2 中，研发投入强度的系数估计值均为正值，在 1% 或 5% 显著性水平上显著，表明有些企业已经开始更多参与高端研发与核心部件的制造，不断以创新支撑推动制造向价值链中高端迈进。外资的参与度对制造业的服务化水平呈现显著的负相关关系，但是对制造业的垂直化程度的影响并不显著。这是因为我国外资更多流入房地产等领域。产业开放度和政府干预程度对制造业服务业服务化影响为负，但不显著，对行业价值链的提升却存在显著的正相关关系。可能国内开发度不够。

7.5　本章小结

本章基于 2002 年、2005 年、2007 年、2010 年和 2012 年投入产出表分别测算了各制造业服务化与各制造业垂直专业化程度指标，发现制造业对服务业和生产性服务业的直接消耗系数呈现出先下降后上升的“U”形关系，完全消耗系数呈现先上升再下降再上升的“N”形变化轨迹，垂直专业化指数经历一个先上升后下降的倒“U”形变化。并利用年 16 个制造业面板数据，采用联立方程模型的系统估计方法 3SLS 对两者的关系进行了实证检验。研究结果显示：①总体而言，中国制造业部门参与全球价值链体系促进了制造业服务化水平的提高，制造业嵌入产品内分工程度每提高 1%，会带来国内制造业服务化水平 0.7916% 的提高。但制造业服务化并没有对我国价值链的提升提供强有力的支撑。②从不同技术类别的制造业回归显示，中低技术制造业部门参与全球分工对制造业服务化的影响不显著，但在高技术制造业部门中，制造业服务化与产业价值链提升之间存在着正的交互效应：高技术制造业部门嵌入产品内分工程度每提高 1%，会带来国内制造业服务化水平提高 2.2266%；制造业服务化水平每提高 1%，会带来全球价值链 0.3057% 的提升。

第 8 章

结论与政策建议

8.1　主要结论

本书首先对我国参与产品内分工的参与度和地位进行了测度，对我国服务业发展的现状进行了描述性的统计分析，得到如下结论：

第一，从国别层面看，在选取的世界前十大代表性经济体中，俄罗斯的 GVC 参与度最高，法国次之，巴西最低。进一步考察 GVC 地位指数，俄罗斯最高，美国次之，法国最低，其他金砖国家中巴西的国际分工地位较高，表明这些国家大都处于全球价值链的上游。同时也反映出贸易的规模与贸易的利得不一定成正比，一国的经济总量和进出口规模并不一定能真实地反映一国在全球价值链中的地位。中国的国际分工地位指数较低，均值为 -0.012，在世界十大经济体中，排在第 9 位，在考察期内，经历了一个先下降再上升的“U”形变化过程。金融危机之后，中国的国际分工地位逐步赶超日本、德国、法国和意大利等发达国家的分工地位，并且仍呈现出不断上升的发展态势，这表明随着国际分工程度的不断深化，我国在全球价值链中的地位逐年上升。

第二，从整体制造业层面看，中国制造业 GVC 地位与国家整体层面的分工地位指数基本一致，呈先下降再上升的“V”形发展态势，服务业参与国际分工地位指数总体呈上升变化趋势。2000 ~ 2014 年中国制造业的 GVC 后向参与度呈现先上升后下降，再上升再下降的“M 型”趋势，即中国出口的国外增加值率近些年来呈现下降的趋势，GVC 前向参与度也呈缓慢上升发展态势，表明随着产品内分工程度的加深，中国制造业对进口中间产品的依赖程度有所下降，我国制造业在全球价值链中的作用日益凸显。

第三，制造业分行业分层面：中国制造业 GVC 地位指数的提高主要来自劳动密集型 GVC 地位指数的提高，资本密集型和知识密集型行业的 GVC 地位指数不高，这些行业对中国制造业 GVC 地位提升的作用还相当有限，大部分处在中下游位置，国际竞争力较弱，迫切需要我国大力发展高技术等产业，以提高制造业在全球价值链中的地位。

从我国服务业发展现状来看，一方面，我国服务业呈现出良好的发展态势：服务业规模不断扩大，服务业已经成为中国国民经济第一大产业，成为推动中国经济增长的主要动力和新引擎；利用外资的结构从制造业领域向服务业领域倾斜和转移；服务业就业占比超过第一产业与第二产业，服务业成为吸收社会就业的主要渠道；服务贸易快速发展，服务贸易规模跃居世界第二。另一方面，我国服务业发展中仍存在明显突出的问题，如我国服务业内部结构不合理；服务业占 GDP 的比重无论是与发达国家还是新兴经济体相比，均存在较大差距；服务贸易逆差不断扩大，贸易结构有待优化等。

在此基础上，对两者之间的关系展开研究，进行了理论分析与实证检验，具体结论如下：

①运用投入产出法测算了不同功能服务业对制造业的中间投入率，研究发现，制造业部门中生产性服务投入率呈现先下降再上升的“U”形变化轨迹，消费性服务业投入率和公共性服务投入率的变化比较平稳。并以此为基础，进一步利用 2004～2012 年省级面板数据，采用系统 GMM 的方法实证检验了中国制造业参与全球分工体系对国内生产性服务业的影响，结果表明：产品内分工对整体生产性服务业发展存在先抑制再促进的影响效应，分工程度的临界“阈值”为 0.5 左右；从生产性服务业细分行业看，伴随着分工程度的不断深化，交通运输、仓储和邮政业以及住宿和餐饮业的促进效应会超过抑制效应，但批发零售业和金融业表现为抑制效应大于促进效应。

②中国服务业参与全球价值链分工对中国服务业全要素生产率的提升具有显著的正向作用。服务业在全球价值链中每提高 1%，服务业全要素生产率将提升 0.1641%，服务业技术进步指数将提升 0.058%，服务业技术效率将提升 0.0987%。这表明中国应该积极融入产品内分工体系，以此来不断提高服务业生产率，推动服务业更好发展。

③基于 2002 年、2005 年、2007 年、2010 年和 2012 年投入产出表分别测算了各制造业服务化与各制造业垂直专业化程度指标，发现制造业对服务业和生产性服务业的直接消耗系数呈现出先下降后上升的“U”形关系，完全消耗系数呈现先上升再下降再上升的“N”形变化轨迹，垂直专业化指数经历一个先上升后下降的倒“U”形变化。并利用 16 个制造业面板数据，采用联立方程模型的系统估计方法 3SLS 对两者的关系进行了实证检验。研究结果显示：第一，总体而言，中国制造业部门参与全球价值链体系促进了制造业服务化水平的提高，制造业嵌入产品内分工程度每提高 1%，会带来国内制造业服务化水平提高 0.7916%。但制造业服务化并没有对我国价值链的提升提供强有力的支撑。第二，从不同技术类别的制造业回归显示，中低技术制造业部门参与全球分工对制造业服务化的影响不显著，但在高技术制造业部门，

制造业服务化与产业价值链提升之间存在着正的交互效应：高技术制造业部门嵌入产品内分工程度每提高 1%，会带来国内制造业服务化水平提高 2.2266%；制造业服务化水平每提高 1%，会带来全球价值链 0.3057% 的提升。

8.2　发展路径与政策建议

8.2.1　“旧”路径：深度融入发达国家主导的 GVC，促进服务业发展

第一，中国要以创新为动力，不断延长产业链，推动加工贸易向更高级方向发展：一是向研发、设计等上游环节延伸，进行产品创新，立足自主制造，形成拥有自主知识产权的核心技术。二是向下游延伸，发展营销、物流、品牌等国际总部业务，进行组织架构和业态创新。三是在中游截取加工制造中价值增值较大的环节，进行工艺创新。四是进入关键零部件和关键设备制造业等环节，拉长产业链，提高产品技术含量和附加值。

第二，推动服务业与制造业深度融合与良性互动发展。一方面优化服务业内部结构，积极发展研发、设计、物流、金融、信息服务、商务服务等生产性服务业，为制造业提供发展高质量的服务支持；另一方面发展先进制造业和高新技术产业，积极打造与之相适应、相配套的服务业体系，从而带动生产性服务业快速发展。

第三，积极推进城镇化进程；政府应该积极转化政府职能，进行制度创新，逐步打破服务业行政垄断与市场分割；不断推进服务业的对外开放，尤其是金融市场的开放，放宽市场准入限制；加强现代服务业人才的培养，努力优化人力资本结构，加大高等教育和职业教育投入，不断创新高技能人才培养机制。

第四，推进制造业服务化，实现制造与服务相融合。中国企业提升市场竞争力，实现向价值链中高端攀升，需要靠现代新兴服务业和生产服务业的有力支撑，而制造业服务化正是发展生产性服务业的重要途径。当然，制造业服务化并非“去制造业”，而是更加注重制造与服务的相互渗透、相互融

合，通过服务使制造业增值，促进制造业产业结构调整升级。伴随着制造业服务化的过程，企业将由以生产产品为中心，向以服务为中心的过程转变，在这一转变过程中制造业会加大对研发、设计、仓储物流、技术支持、维护检验、品牌营销等专业服务业和生产性服务的需求，使生产服务业得以迅速发展，从而增强中国的自主创新能力，推动中国制造业由大变强。

第五，积极融入全球分工体系，加快高技术产业发展。当前，世界经济处于全球价值量的深度调整期，中国应更加积极主动地融入全球分工体系，进一步提高在全球价值链中的地位，增强在全球价值链分体系中的增加值获取能力。做全球价值链的深度参与者，不断强化企业的生产能力。在生产过程中更加注重研发、设计、技术支持、营销、品牌、金融和保险等高级生产性服务要素的积累，可以为产业向全球价值链中高端跃升培育新的国际竞争优势。同时，要培育本土大型的跨国公司，提高跨国公司的经营能力，努力构建以自我为主导的全球价值链或区域价值链，增强其对全球价值链分工的控制力与影响力，带动本国生产服务业的发展。加快高技术产业和战略新兴产业的发展，加大技术研发投入的力度，不断提升我国高技术产业自主的创新能力，同时加强高层次创新型人才，为高技术产业发展提供支持。

第六，扩大服务业对内和对外的“双向开放”。企业制造业服务化能否顺利推进，离不开完善的市场环境和健全的监管体系为其提供保障。要加快生产性服务业的发展，既要扩大服务业的对外开放，又不能忽视服务业的对内开放。对内，政府要积极转变职能，放宽生产性服务业领域的市场准入，消除行政垄断和各种显性、隐性壁垒，鼓励社会资本以多种方式发展生产性服务业。对外，可以实行负面清单的管理模式，对金融、教育、医疗、文化等领域逐步有序开放，放宽服务贸易的准入和投资限制，推动服务贸易自由化和便利化，实现服务要素在全国和全球范围内的互联互通。

8.2.2 “新”路径：基于内需构建自我主导的GVC，促进服务业发展

未来全球产业的竞争将是价值链上的竞争，价值链竞争决定中国制造业乃至整个经济的前途和命运。如果说过去中国企业是被动地融入发达国家主导的GVC，那么，在新一轮高水平对外开放下，中国应充分利用这一历史机遇构建主导的GVC，并对接国内价值链NVC，建立起新的竞争优势，实现从

“中国制造”向“中国主导 + 全球制造”转变，推动国内产业升级和价值链升级。

第一，加快搭建和延长国内价值链，与 GVC 高效对接。加快构建以内需为基础的 NVC 的网络体系和治理结构，通过庞大的内需市场，吸收技术、人力资本等国外高级生产要素，推动中国经济升级。中国构建自我主导的 GVC 与 NVC 是分不开的。一方面，构建 NVC 可以为打造自我主导的 GVC 提供重要支撑；另一方面，配置全球资源，构建 GVC 也可以为 NVC 的优化提供重要的动力，两者相辅相成、相互促进。因此，中国在世界范围内重构价值链，必须基于内需，通过 NVC 打通通道，将产业链延伸到海外，建立自己的区域和全球产业链，与主导型 GVC 实现高效对接，共同推动中国经济转型与产业优化升级。

第二，积极融入全球创新链，助力全球生产经营网络构建。全球创新链（Global Innovation Chain，GIC），是指企业在全球范围内搜索可利用的知识资源、关注资源使用权并且具备高度开放性的价值网络创新模式。在实施新一轮高水平对外开放的条件下，中国逐步嵌入全球创新网络和打造自我主导的 GVC 两者也是相互联系、相互促进的。一方面，企业通过“大规模”走出去，构建主导型 GVC，有效利用国外的技术、知识、人才等高级生产要素和全球科学知识资源，有利于构建全球创新网路平台，帮助中国逐步嵌入全球创新链，提高企业的自主创新能力；另一方面，嵌入全球创新网络，本质就是要主动参与新的国际分工和产业重构、培育新的比较优势，重塑产业发展的新动力，这正和主导型 GVC 的构建背景相吻合，可以助力全球生产经营网络的布局。

因此，中国应该积极融入 GIC，利用大国经济的内需市场规模庞大的“虹吸效应”，吸引国外先进要素，提高对创新要素的全球配置能力，逐步实现从要素驱动和投资驱动向创新驱动转变。这将为企业走出去布局生产经营网络，打造主导型 GVC，从“中国制造”向“中国创造”转变不断提供动力和保障。

第三，培育处于 GVC 高端地位的“链主”，打造自主品牌。无论是 NVC、GIC 还是中国建立自己的区域和全球 GVC，都离不开跨国公司、大型企业的培育。跨国公司是价值链的设计与组织者，是全球生产网络的发起者和主导者。中国要形成对全球资源和经济的控制力，就必须利用内需市场的规模效应，培育一批在全球范围内一流的世界跨国公司，尤其是民营性质的跨国公司，培育处于创新价值链高端地位的“链主”。同时要打造企业自主品牌。自主品牌是实现自主创新、主动参与国际分工的有效载体，中国制造业只有把自主品牌作为翅膀，才能飞得更高更远，从全球价值链的参与者变为价值链的主导者。企业必须利用创新技术，进行产品开发，形成了自己的品牌，实现由 OEM 到 OBM 的转变。

第四，完善政府服务管理体系，为企业走出去“铺路搭桥”。政府部门应加大财政、金融等政策支持力度，尽快完善相关法律法规，健全政策服务体系。首先，可以和涉外机构联动建立信息共享机制，搭建资源共享平台，为企业“走出去”提供各种服务，鼓励和引导企业在全球范围内配置资源，构建全球价值链。其次，要大力培养和引进国际化人才，为企业构建主导型 GVC 提供智力支持。最后，要加强对企业管理者的相关培训，提高企业管理者对 GVC 的认识与把握，从而增强企业对海外投资、构建国际生产经营网络与全球价值链的能力。

8.3 未来的研究方向

第一，服务业的发展是多方面的，本书从理论上，重点分析了参与产品内分工对服务业的规模效应、结构效应和技术效应。但服务业的创新与绩效也是一个值得关注的领域，是今后需要作进一步研究的领域。

第二，发展服务业，不仅能优化经济结构，而且有利于增加就业吸收能力，促进经济和社会的可持续发展。产品内分工与我国服务业吸收就业能力的关系怎样？这个问题的研究，对于中国实现“稳增长、保就业”的目标，特别是助力中国跨越“中等收入陷阱”也是具有非常重要的意义，也是今后需要加以关注的问题。

第三，在世界经济格局深度调整之际，国际分工体系呈现多元化布局，未来中国的对外开放战略将转向价值链升级战略。中国要基于内需构建自我主导的全球价值链，本书仅从理论上分析了自我主导的分工体系提升服务业发展的影响机制，提出了针对发展中国家和发达国家两种不同布设网络的路径，达到促进服务业发展的目标。在今后的研究中，需要进一步通过实证分析不断完善。

参考文献

[1] Gereffi G. , Frederick S. The Global Apparel Value Chain, Trade and the Crisis: Challenges and Opportunities for Developing Countries [J]. *Policy Research Working Paper*, 2010.

[2] Baldwin R. , Lopez - Gonzalez J. Supply - chain Trade: A Portrait of Global Patterns and Several Testable Hypotheses [J]. *World Economy*, 2013, 38 (11): 141 - 142.

[3] Yeats, Alexander J. Just How Big is Global Production Sharing? [J]. *Social Science Electronic Publishing*, 1998.

[4] Athukorala P. , Nasir S. Global Production Sharing and South - South Trade [J]. *Indian Growth and Development Review*, 2012, 5 (2): 173 - 202 (30).

[5] Clark M. A. Colin. The Conditions of Economic Progress [M]. *Mcmillan Co. Ltd*, *Lodon*, 1940.

[6] Kuznets S. Modern Economic Growth: Rate, Structure and Spread [M]. *New Haven*: *Yale University Press*, 1971.

[7] Hollis C. , Sherman R. , Moshe S. Industrialization and Growth: A Comparative Study [M] . *New York*: *Oxford University Press*, 1987.

[8] Guerrieri, P. , B. Maggi, V. Meliciani and P. Padoan. Techonology Diffusion, Services and Endogenous Growth in Europe: Is the Lisbon Strategy Useful? *IMF Working Paper*, 2005.

[9] Humphrey J. , Chen M. Upgrading in Global Value Chains [J]. *Ssrn Electronic Journal*, 2004.

[10] Hummels D. , Ishii J. , Yi K. M. The Nature and Growth of Vertical Specialization in World Trade [J]. *Journal of International Economics*, 2001, 54 (1): 75 - 96.

[11] Daudin G., Rifflart C., Schweisguth D. Who Produces for Whom in the World Economy? [J]. *Canadian Journal of Economics*, 2011, 44 (4): 1403 - 1437.

[12] Johnson R. C., Noguera G. Accounting for Intermediates: Production Sharing and Trade in Value Added [J]. *Journal of International Economics*, 2012, 86 (2): 224 - 236.

[13] Koopman R., Wang Z., Wei S. J. How Much of Chinese Exports is Really Made In China? Assessing Domestic Value - Added When Processing Trade is Pervasive [J]. *NBER Working Paper*, 2008.

[14] Koopman R., Powers W., Wang Z., Wei S. Give Credit to Where Credit is Due: Tracing Value Added in Global Production Chains [R]. *NBER Working Paper*, 2010.

[15] Koopman R., Wang Z., Wei S. J. Tracing Value - Added and Double Counting in Gross Exports [J]. *American Economic Review*, 2014, 104 (2): 459 - 494.

[16] Wang Z., Wei S. J., Zhu K. Quantifying International Production Sharing at the Bilateral and Sector Levels [R]. *National Bureau of Economic Research*, 2014.

[17] Fontagne L., Gaulier G., Zignago S. Specialisation Across Varieties Within Products and North - South Competition [J]. *Ssrn Electronic Journal*, 2007.

[18] Amighini A. China in the International Fragmentation of Production: Evidence from the ICT Industry [J]. *European Journal of Comparative Economics*, 2004, 2 (2): 203 - 219.

[19] Sanjaya Lall. The Technological Structure and Performance of Developing Country Manufactured Exports, 1985 - 98 [J]. *Oxford Development Studies*, 2000, 28 (3): 337 - 369.

[20] Hausmann R., Rodrik D. What You Export Matters [J]. *Journal of Economic Growth*, 2007, 12 (1): 1 - 25.

[21] Tang H., Fei W., Wang Z. The Domestic Segment of Global Supply Chains in China Under State Capitalism [J]. *Social Science Electronic Publishing*, 2014.

[22] Antràs, P., D. Chor, T. Fally, and R. Hillberry (2012), Measuring

the Upstreamness of Production and Trade Flows [J]. *The American Economic Review*, 102 (3), 412 - 416.

[23] Antràs P., Davin Chor. Organizing the Global Value Chain [J]. *Econometrica*, 2013, 81 (6): 2127 - 2204.

[24] Lanz, R., A. Maurer. Services and Global Value Chains: Dome Evidence on Servicification of Manufacturing and Services Networks [R]. *WTO Working Paper* ERSD - 2015 - 03, 2015 (3): 1 - 21.

[25] Gaulier G., Lemoine F., ünal - Kesenci D. China's Integration in East Asia: Production Sharing, FDI & High - Tech Trade [J]. *Economic Change and Restructuring*, 2007, 40 (1): 27 - 63.

[26] Rainer Lanz, Andreas Maurer. Services and Global Value Chains: Servicification of Manufacturing and Services Networks [J]. *Journal of International Commerce Economics & Policy*, 2015, 6 (3).

[27] Grubel H. G. All Traded Services are Embodied in Materials or People [J]. *World Economy*, 1987, 10 (3): 319 - 330.

[28] Fuchs, V. The Service Economy [M]. *Columbia University Press*, 1968.

[29] Machlup F. The Production and Distribution of Knowledge in the United States [M]. *Princeton University Press*, 1962: 281 - 286.

[30] H. Greenfield. Manpower and the Growth of Producer Services [M]. *New York: Columbia University Press*, 1966.

[31] Coffey W. J., Bailly A. S. Producer Services and Flexible Production: An Exploratory Analysis [J]. *Growth and Change*, 1991, 22 (4): 95 - 117.

[32] Noyelle T. J., Stanback T. M. The Economic Transformation of American Cities [J]. *Rowman & Allanheld*, 1984, 4 (2): 304.

[33] Browning H. L., Singelmann J. The Emergence of a Service Society: Demographic and Sociological Aspects of the Sectoral Transformation of the Labor Force in the U. S. A. [J]. 1975: 342.

[34] Green A. E., Howells J. R. Information Services and Spatial Development in the UK Economy [J]. *Tijdschrift Voor Economische En Sociale Geografie*, 1988, 79 (79): 266 - 277.

[35] Daniels. PW. Service Industries in the World Economy [M]. *Blackwell Publishers*, 1993.

[36] Beyers W. B., Lindahl D. P. Explaining the Demand for Producer Services: Is Cost – Driven Externalization the Major Factor? [J]. *Papers in Regional Science*, 1996, 75 (3): 351 –374.

[37] Coffey. The Geographies of Producer Services [J]. *Urban geography*, 2000, (2): 170 – 183.

[38] Feenstra, R. C., G. H. Hanson. Productivity Measurement and the Impact of Trade and Technology on Wages: Estimates for the U. S., 1972 – 1990 [R]. *NBER Working Paper*, 1997. No. 6052.

[39] Jones R. W., Kierzkowski H. A Framework For Fragmentation [J]. *Tinbergen Institute Discussion Papers*, 2001: 17 –34.

[40] Grossman G. M., Helpman E. Managerial Incentives and the International Organization of Production [J]. *Journal of International Economics*, 2004, 63 (2): 237 –262.

[41] Amiti, M. and S. J. Wei, 2005a, Fear of Service Outsourcing: Is it Justified? [J], *Economic Policy*, 20, 308 –348.

[42] Kohler W. International Outsourcing and Factor Prices with Multistage Production [J]. *The Economic Journal*, 2004, 114 (494): 166 – 185.

[43] Gereffi, G. and K. Fernandez – Stark. The Offshore Services Global Value Chain. Center on Globalization, Governance & Competitiveness (CGGC), *Duke University*. 2010.

[44] Aubert B. A., Rivard S., Patry M. A Transaction Cost Model of IT Outsourcing [J]. *Information Management*, 2004, 41 (7): 921 –932.

[45] Grossman G. M., Helpman E. Outsourcing in a Global Economy [J]. *Review of Economic Studies*, 2005, 72 (1): 135 – 159.

[46] Kshetri N. Institutional Factors Affecting Offshore Business Process and Information Technology Outsourcing [J]. *Journal of International Management*, 2007, 13 (1): 38 – –56.

[47] Girma S., Holger Görg. Outsourcing, Foreign Ownership, and Productivity: Evidence from United Kindom Establishment Level Data [J]. German Institute for Econonic Research, 2003, (5): 361 –365.

[48] Mann C. L. Globalization of IT Services and White Collar Jobs: The Next Wave of Productivity Growth [J]. *Institute of International Economics*, 2004 (3):

15 -18.

[49] Amiti M. Service Offshoring, Productivity and Employment: Evidence from the US [J]. *Social Science Electronic Publishing*, 2006, 5 (238).

[50] Amiti M., Wei S. J. Service Offshoring and Productivity: Evidence from the US [J]. *World Economy*, 2009, 32 (2): 203 -220.

[51] Falk M., Wolfmayr Y. Services and Materials Outsourcing to Low - Wage Countries and Employment: Empirical Evidence from EU Countries [J]. *Structural Change & Economic Dynamics*, 2008, 19 (1): 38 -52.

[52] Kasahara H., Rodrigue J. Does The Use of Imported Intermediates Increase Productivity? Plant - Level Evidence [J]. *Journal of Development Economics*, 2004, 87 (1): 106 -118.

[53] Yasar M., Morrison Paul C. J. International Linkages And Productivity At The Plant Level: Foreign Direct Investment, Exports, Imports And Licensing [J]. *Journal of International Economics*, 2007, 71 (2): 373 -388.

[54] Feenstra R. C., Hanson G. H. The Impact of Outsourcing and High - Technology Capital on Wages: Estimates for the United States, 1979 -1990 [J]. *Quarterly Journal of Economics*, 1999, 114 (3): 907 -940.

[55] Egger H., Egger P. Labor Market Effects of Outsourcing Under Industrial Interdependence [J]. *International Review of Economics & Finance*, 2005, 14 (3): 349 -363.

[56] Crinò R. Offshoring, Multinationals and Labor Market: A Review of the Empirical Literature [R], *Institutd' Anolisi Economica*, *CSIC*, *Working Paper.* 2007.

[57] Crinò R. Service Offshoring and White - Collar Employment [R], *CESIFO Working Paper*, No. 2040, 2007b.

[58] Crinò R. Service Offshoring and the Skill Composition of Labor Demand [R], *Institut d'Anàlisi Econòmica*, *CSIC*, *Working Paper.* 2009,

[59] Crinò R. Service Offshoring and White - Collar Employment [J]. *Review of Economic Studies*, 2010, 77 (2): 595 -632.

[60] Alcacer J., Oxley J. Learning by supplying [J]. *Strategic Management Journal*, 2012, 35 (2): 204 -223.

[61] Antràs P., Hillberry R. Measuring the Upstreamness of Production and

Trade Flows [J]. *American Economic Review*, 2012, 102 (3): 412 -16.

[62] Robert J. Carbaugh. International Economics, 6th, South [M]. *Western College Publishing*, 1998.

[63] Daniel M. Dnamics of Export - processing Zones [J]. *UNCTAD discussion papers*, 1999.

[64] Young A. Learning by Doing and the Dynamic Effects of International Trade [J]. *Quarterly Journal of Economics*, 1989, 106 (2): 369 -405.

[65] Humphrey, J., Schmitz. H. How does Insertion in Global Value Chains Affect Upgrading in Industrial Clusters [J]? *Regional Studies*, 2002, 36 (9): 1017 -1027.

[66] Schmitz H. Local Upgrading in Global Chains: Recent Findings [J]. *Institute of Development Studies Sussex*, 2004.

[67] Gereffi G. Beyond the Producer - Driven/Buyer - Driven Dichotomy the Evolution of Global Value Chains in the Internet Era [J]. *Ids Bulletin*, 2009, 32 (3): 30 -40.

[68] Goodman B., Steadman R. Services: Business Demand Rivals Consumer Demand in Driving Job Growth [J]. *Monthly Labor Review*, 2002, 125 (4): 3 -16.

[69] Chu - Ping LO, Liu B. J. Why India Is Mainly Engaged in Offshore Service Activities, While China Is Disproportionately Engaged in Manufacturing [J]. *China Economic Review*, 2009, 20 (2): 236 -245.

[70] Arellano M., Bond S. Some Tests of Specification for Panel Data: Monte Carlo Evidence and an Application to Employment Equations. [J]. *Review of Economic Studies*, 1991, 58 (2): 277 -297.

[71] Blundell R., Bond S. Initial Conditions and Moment Restrictions in Dynamic Panel Data Models [J]. *Journal of Econometrics*, 1998, 87 (1): 115 - 143.

[72] Bernard A. B., Jensen J. B., Schott P. K. Survival of the Best Fit: Exposure to Low - Wage Countries and the (uneven) Growth of U. S. Manufacturing Plants [J]. *Journal of International Economics*, 2006, 68 (1): 219 -237.

[73] Neely A. Exploring the Financial Consequences of the Servitization of Manufacturing [J]. *Operations Management Research*, 2008, 1 (2): 103 -118.

[74] Vandermerwe S., Rada J. Servitization of Business: Adding Value by Adding Services [J]. *European Management Journal*, 1988, 6 (4): 314 -324.

[75] Oliva, R., Kallenberg, R., Managing the Transition from Products to Services [J]. International Journal of service Industry Management, 2003. Vol. 14 No. 2, pp. 1 - 10.

[76] Schmenner, R. Manufacturing, Service, and Their Integration: Some History and Theory [J]. International Journal of Operations & Production Management, 2009. Vol. 29 No. 5.

[77] Davies, A., Brady, T., Hobday, M. Charting a Path Towards Integrated Solutions [J]. *MIT Sloan Management Review*, 2006. Vol. 43 No. 7.

[78] Baines, T. S., Lightfoot, H., Peppard, J., Johnson, M., Tiwari, A., Shehab, E., Swink, M. (2009b), Towards an Operations Strategy for Productcentric Servitization [J]. *International Journal of Operations & Production Management*, Vol. 29 No. 5, pp. 494 -519.

[79] Gereffi G., Lee J. Why the World Suddenly Cares About Global Supply Chains [J]. *Journal of Supply Chain Management*, 2012, 48 (3): 24 -32.

[80] Reiskin E. D., White A. L., Kauffman J. J., et al. Servicizing the Chemical Supply Chain [J]. *Journal of Industrial Ecology*, 1999, 3 (23): 19 - 31.

[81] Hummels D., Ishii J., Yi K. M. The Nature and Growth of Vertical Specialization in World Trade [J]. *Journal of International Economics*, 2001, 54 (1): 75 -96.

[82] Koopman R., Powers W., Wang Z., and Wei S. J. Give Credit to Where Credit is Due: Tracing Value Added in Global Production Chains [R]. *NBER Working papers*, No. 16426, 2010.

[83] Markusen, James R. 1989. Trade in Producer Services and in Other Specialized Intermediate Inputs. *American Economic Review* 79 (1): 85 -95.

[84] Koopman R., Wang Z., Wei S. J. How Much of Chinese Exports is Really Made In China? Assessing Domestic Value - Added When Processing Trade is Pervasive [J]. *NBER Working Paper*, 2008.

[85] Koopman R., Powers W., Wang Z., Wei S. Give Credit to Where Credit is Due: Tracing Value Added in Global Production Chains [R]. *NBER*

Working Paper, 2010.

[86] Koopman R., Wang Z., Wei S. J. Tracing Value – Added and Double Counting in Gross Exports [J]. *American Economic Review*, 2014, 104 (2): 459 – 494.

[87] Wang Z., Wei S. J., Zhu K. Quantifying International Production Sharing at the Bilateral and Sector Levels [R]. *National Bureau of Economic Research*, 2014.

[88] Baumol, W. Macroeconomics of Unbalanced Growth: The Anatomy of Urban Crisis [J]. *American Economic Review*, 1967 (57): 415 – 426.

[89] Fuchs, V. The Service Economy [M]. *Columbia University Press*, 1968.

[90] R. Summers. Services in the International Economy. G. Saxonhouse, Services in the Japanese Economy. And I. Leveson, Services in the U. S. Economy. In Inman (eds.), Managing in the Service Economy: Prospects and Problems [M]. *Cambridge University Press*, 1985.

[91] Klodt H. Structure Change Towards Services: The Germany Experience [M]. *University of Birmingham IGS Discussion Paper*, 2000.

[92] Rinaldo Evangelista, Maria Savona. Innovation, Employment and Skills in Services. Firm and Sectoral Evidence [J]. *Structural Change and Economic dynamics*, 2003 (14), 449 – 474.

[93] Barras, R. Growth and Technical Change in the UK Service Sector [R]. Research Report TCCR – 83 – 015, *Technical Change Centre*, *London*, 1984.

[94] Pavitt, K. Sectoral Patterns of Technical Change: Towards a Taxonomy and a Theory [J]. *Research Policy*, 1984, 13 (3): 343 – 373.

[95] Griliches. Productivity, R&D, and the Data Constraint [J]. *American Economic Review*, 84 (1), 1994: 1 – 23.

[96] Triplett, J. E., B. B. Bosworth. "Baumol's Disease" has been Cured: IT and Multifactor Productivity in U. S. Services Industries, paper prepared for Brookings Workshop on Services Industry Productivity, *Brookings Institution*, *Washington*, *D. C.*, 2002.

[97] Andrés Maroto, Luis Rubalcaba. Services Productivity Revisited [J]. *Service Industries Journal*, 2008, 28 (3): 337 – 353.

[98] Nicholas Oulton . Must the Growth Rate Decline? Baumol's Unbalanced Growth Revisited [J]. *Oxford Economic Papers*, 2001 (53): 605 -627.

[99] Young A. Structural Transformation, the Mismeasurement of Productivity Growth, and the Cost Disease of Services [J]. *American Economic Review*, 2014, 104 (11): 3635 -3667 (33).

[100] Malmquist S. Index Numbers and Indifference Surfaces [J]. *Trabajos de Estadistica Y de Investigacion Operativa*, 1953, 4 (2): 209 -242.

[101] Caves D. W., Christensen L. R., Diewert W. E. The Economic Theory of Index Numbers and the Measurement of Input, Output, and Productivity [J]. *Econometrica*, 1982, 50 (6): 1393 -1414.

[102] Före R., Grosskopf S., Norris M. Productivity Growth, Technical Progress, and Efficiency Change in Industrialized Countries [J]. *American Economic Review*, 1994, 84 (01): 66 -83.

[103] Chung Y. H., Före R., Grosskopf S. Productivity and Undesirable Outputs: A Directional Distance Function Approach [J]. *Journal of Environmental Management.* 1997, 51 (3): 229 -240.

[104] Harberger A. C. Perspectives on Capital and Technology in Less Developed Countries. In Artis, M. J. and Nobay, A. R. (eds.), Contemporary Economic Analysis [M]. *London: Croom Helm*, 1978: 69 -151.

[105] Wu Y. China's Capital Stock Series by Region and Sector. *University of Western Australia Business School Discussion Paper*, 09. 02, 2009.

[106] Lee J. W., Hong K. Economic Growth in Asia: Determinants and Prospects [J]. *Japan & the World Economy*, 2012, 24 (2): 101 -113.

[107] Barro R. J., Lee J. W. A New Data Set of Educational Attainment in the World, 1950 -2010 [J]. *National Bureau of Economic Research*, 2013, 104 (15902): 184 -198.

[108] Benhabib J., Spiegel M. M. The Role of Human -Capital in Economic -Development Evidence from Aggregat Cross -Country Data [J]. *Journal of Monetary Economics*, 1994, 34 (2): 143 -173.

[109] Aiyar S. S. A Contribution to the Empirics of Total Factor Productivity [J]. *Ssrn Electronic Journal*, 2002.

[110] Bosworth B. P., Collins S. M. The Empirics of Growth: An Update

[C]. *Conference of the Brookings – Panel – On – Economic – Activity*. 2003: 113 – 206.

[111] J. Humphrey, H. Schmitz. How Does Insertion in Global Value Chains Affect Upgrading in Industrial Value Chains Affect Upgrading in Industrial Clusters [J]. *Regional Studies*, 2002, 36 (9): 1017 – 1027.

[112] Vanek J. Variable Factor Proportions and Interindustry Flows in the Theory of International Trade [J]. *Quarterly Journal of Economics*, 1963, 77 (1): 129 – 142.

[113] Melvin J R. Intermediate Goods, the Production Possibility Curve, and Gains from Trade [J]. *Quarterly Journal of Economics*, 1969, 83 (1): 141 – 151.

[114] Warne R D. Intermediate Goods in International Trade with Variable Proportions and Two Primary Inputs [J]. *Quarterly Journal of Economics*, 1971, 85 (2): 225 – 236.

[115] Dixit A K, Grossman G M. Trade and Protection with Multistage Production [J]. *Review of Economic Studies*, 1982, 49 (4): 583 – 594.

[116] 江小涓，李辉．服务业与中国经济：相关性和加快增长的潜力 [J]. 经济研究，2004 (1): 4 – 15.

[117] 刘遵义，陈锡康，杨翠红，等．非竞争型投入占用产出模型及其应用——中美贸易顺差透视 [J]. 中国社会科学，2007 (5): 91 – 103.

[118] 王直，魏尚进，祝坤福．总贸易核算法：官方贸易统计与全球价值链的度量 [J]. 中国社会科学，2015 (9): 108 – 127.

[119] 王岚．融入全球价值链对中国制造业国际分工地位的影响 [J]. 统计研究，2014，31 (5): 17 – 23.

[120] 周升起，兰珍先，付华．中国制造业在全球价值链国际分工地位再考察——基于 Koopman 等的“GVC 地位指数” [J]. 国际贸易问题，2014 (2): 3 – 12.

[121] 刘琳．中国参与全球价值链的测度与分析——基于附加值贸易的考察 [J]. 世界经济研究，2015 (6): 71 – 83.

[122] 戴翔．中国制造业出口内涵服务价值演进及因素决定 [J]. 经济研究，2016 (9): 44 – 57.

[123] 王厚双，李艳秀，朱奕绮．我国服务业在全球价值链分工中的地位

研究 [J]. 世界经济研究, 2015 (8): 11-18.

[124] 程大中. 中国参与全球价值链分工的程度及演变趋势——基于跨国投入-产出分析 [J]. 经济研究, 2015 (9): 4-16.

[125] 邱斌, 叶龙凤, 孙少勤. 参与全球生产网络对我国制造业价值链提升影响的实证研究——基于出口复杂度的分析 [J]. 中国工业经济, 2012 (1): 57-67.

[126] 胡昭玲, 宋佳. 基于出口价格的中国国际分工地位研究 [J]. 国际贸易问题, 2013 (3): 15-25.

[127] 施炳展. 中国出口产品的国际分工地位研究——基于产品内分工的视角 [J]. 世界经济研究, 2010 (1): 56-62.

[128] 唐海燕, 张会清. 产品内分工与发展中国家的价值链提升 [J]. 经济研究, 2009 (9): 81-93.

[129] 郭晶, 赵越. 高技术产业国际分工地位的影响因素: 基于完全国内增加值率视角的跨国实证 [J]. 国际商务: 对外经济贸易大学学报, 2012 (2): 87-95.

[130] 尚涛. 全球价值链与我国制造业国际分工地位研究——基于增加值贸易与 Koopman 分工地位指数的比较分析 [J]. 经济学家, 2015 (4).

[131] 汤碧. 中国高技术产业价值链地位的测度和影响因素分析 [J]. 经济学动态, 2012 (10): 65-70.

[132] 尹伟华. 中国高技术产业参与全球价值链程度和地位研究 [J]. 世界经济研究, 2016 (7): 64-72.

[133] 戴翔. 中国服务出口竞争力: 增加值视角下的新认识 [J]. 经济学家, 2015 (3): 31-38

[134] 郭晶, 刘菲菲. 中国服务业国际竞争力的重新估算——基于贸易增加值视角的研究 [J]. 世界经济研究, 2015 (2): 52-60.

[135] 姜延书, 郭江平. 中国出口贸易服务增加值竞争优势的评价研究 [J]. 工业技术经济, 2015 (10): 13-22.

[136] 尹伟华. 中、美两国服务业国际竞争力比较分析——基于全球价值链视角的研究 [J]. 上海经济研究, 2015 (12): 41-51.

[137] 刘艳, 李文秀, Yue-ming. 中国服务业的国际竞争力分析: 基于附加值贸易的测算 [J]. 中国软科学, 2016 (7): 43-55.

[138] 李惠娟, 蔡伟宏. 中国服务业在全球价值链的国际分工地位评估

[J]. 国际商务：对外经济贸易大学学报，2016 (5)：28 –40.

[139] 柴静玉. 基于增加值贸易的中国服务业全球价值链国际分工地位探讨 [J]. 商业经济研究，2016 (2)：131 –133.

[140] 唐铁球. 全球价值链下中国制造业国际分工地位研究 [J]. 财经问题研究，2015 (6)：3 –8.

[141] 刘志彪. 生产者服务业及其集聚：攀升全球价值链的关键要素与实现机制 [J]. 中国经济问题，200 (1)：3 –12.

[142] 江静，刘志彪. 生产性服务发展与制造业在全球价值链中的升级——以长三角地区为例 [J]. 南方经济. 2009 (10)：36 –44.

[143] 崔鑫. 嵌入全球价值链：生产性服务业发展路径选择分析与对策研究 [J]. 前沿. 2009 (5)：53 –56.

[144] 路艳红. 生产性服务与制造业结构升级——基于产业互动、融合的视角 [J]. 财贸经济. 2009 (9)：126 –131.

[145] 王家宝，陈继祥. 颠覆性创新、生产性服务业与后发企业竞争优势 [J]. 科学学研究. 2010，28 (3)：444 –448.

[146] 张益丰，孙治宇. 高端产业市场性质与集聚形态研究——一个数理分析框架 [J]. 软科学. 2011，25 (7)：56 –60.

[147] 罗聪. 生产性服务业促进制造业价值链升级的机理与路径研究 [D]. 南京财经大学，2014.

[148] 简晓彬，陈伟博. 生产性服务业发展与制造业价值链攀升——以江苏为例 [J]. 华东经济管理，2016，30 (7)：29 –34.

[149] 刘书瀚，贾根良，刘小军. 出口导向型经济：我国生产性服务业落后的根源与对策 [J]. 经济社会体制比较，2011 (3)：138 –145.

[150] 肖文，樊文静. 产业关联下的生产性服务业发展——基于需求规模和需求结构的研究 [J]. 经济学家，2011 (6)：72 –80.

[151] 江小涓. 服务外包：合约形态变革及其理论蕴意——人力资本市场配置与劳务活动企业配置的统一 [J]. 经济研究，2008 (7)：4 –10.

[152] 卢锋. 我国承接国际服务外包问题研究 [J]. 经济研究，2007 (9)：49 –61.

[153] 刘绍坚. 影响我国承接国际软件外包的因素研究 [J]. 国际贸易问题，2008，302 (2)：86 –93.

[154] 吕延方，赵进文. 中国承接服务外包影响因素分析——基于多国

面板数据的实证检验［J］. 财贸经济, 2010 (7): 89-97.

［155］霍景东, 黄群慧. 影响工业服务外包的因素分析——基于22个工业行业的面板数据分析［J］. 中国工业经济, 2012 (12): 44-56.

［156］原毅军, 刘浩. 中国制造业服务外包与服务业劳动生产率的提升［J］. 中国工业经济, 2009 (5): 67-76.

［157］姚星, 李彪, 吴钢. 服务外包对服务业全要素生产率的影响机制研究［J］. 科研管理, 2015, 36 (4): 128-135.

［158］徐毅, 张二震. 外包与生产率: 基于工业行业数据的经验研究［J］. 经济研究, 2008 (1): 103-113.

［159］蔡宏波, 陈昊. 外包与劳动力结构——基于中国工业行业数据的经验分析［J］. 数量经济技术经济研究, 2012 (12): 53-65.

［160］魏浩, 黄皓骥. 服务外包与国内就业: 基于全球15个国家25个行业的实证分析［J］. 国际贸易问题, 2012 (5): 64-73.

［161］郭沛, 李亚成. 中国承接离岸服务外包的工资差距效应——基于世界投入产出数据库数据的再检验［J］. 经济学家, 2016 (2): 97-104.

［162］张志明. 离岸服务外包、承接国异质性与中国制造业异质劳动力就业——基于行业面板数据的经验研究［J］. 世界经济研究, 2016 (10): 100-110.

［163］陈启斐, 唐保庆, 张为付. 服务外包对我国就业市场的双重偏向效应研究——基于门槛回归的实证分析［J］. 国际贸易问题, 2016 (10): 74-84.

［164］原毅军, 刘浩. 制造业的服务外包与技术创新效率的提升［J］. 大连理工大学学报社会科学版, 2007, 28 (4): 1-6.

［165］任志成, 张二震. 承接国际服务外包、技术溢出与本土企业创新能力提升［J］. 南京社会科学, 2012 (2): 26-33.

［166］崔萍, 邓可斌. 服务外包与区域技术创新的互动机制研究——基于接包方的视角［J］. 国际贸易问题, 2013 (1): 96-105.

［167］王永贵, 马双, 杨宏恩. 服务外包中创新能力的测量、提升与绩效影响研究——基于发包与承包双方知识转移视角的分析［J］. 管理世界, 2015 (6): 85-98.

［168］孟雪. 反向服务外包对我国生产率的影响——生产性服务业的实证分析［J］. 国际贸易问题, 2011 (7): 65-79.

[169] 孟雪. 反向服务外包如何影响中国的就业结构——以中国作为发包国的视角分析 [J]. 国际贸易问题, 2012 (9): 82-95.

[170] 张月友, 刘丹鹭. 逆向外包: 中国经济全球化的一种新战略 [J]. 中国工业经济, 2013 (5): 70-82.

[171] 沈春苗. 逆向外包与技能偏向性技术进步 [J]. 财经研究, 2016, 42 (5): 43-52.

[172] 刘志彪. 为什么我国发达地区的服务业比重反而较低? ——兼论我国现代服务业发展的新思路 [J]. 南京大学学报: 哲学·人文科学·社会科学, 2011, 48 (3): 13-19.

[173] 曹慧平, 于津平. 贸易结构、中间需求与生产性服务业发展 [J]. 世界经济研究, 2011 (3): 58-62.

[174] 段国蕊, 方慧. 制造业"国际代工"模式对生产者服务业的影响分析 [J]. 世界经济研究, 2012 (11): 56-61.

[175] 江静, 刘志彪. 世界工厂的定位能促进中国生产性服务业发展吗 [J]. 经济理论与经济管理, 2010 (3): 62-68.

[176] 谭洪波, 郑江淮. 中国经济高速增长与服务业滞后并存之谜——基于部门全要素生产率的研究 [J]. 中国工业经济, 2012 (9): 5-17.

[177] 李冠霖. 第三产业投入产出分析——从投入产出的角度看第三产业的产业关联与产业波及特性 [M]. 北京: 中国物价出版社, 2002.

[178] 高传胜, 李善同. 中国生产者服务: 内容、发展与结构——基于中国1987-2002年投入产出表的分析 [J]. 现代经济探讨, 2007 (8): 68-72.

[179] 柯善咨, 赵曜. 产业结构、城市规模与中国城市生产率 [J]. 经济研究, 2014 (4): 76-88.

[180] 陈钊, 陆铭, 金煜. 中国人力资本和教育发展的区域差异: 对于面板数据的估算 [J]. 世界经济, 2004 (12): 25-31.

[181] 李秉强, 逯宇铎. 服务贸易与货物贸易的替代性及差异分析 [J]. 财贸研究, 2009, 20 (1): 55-60.

[182] 汪德华, 张再金, 白重恩. 政府规模、法治水平与服务业发展 [J]. 经济研究, 2007 (6): 51-64.

[183] 樊茂清, 黄薇. 基于全球价值链分解的中国贸易产业结构演进研究 [J]. 世界经济, 2014 (2): 50-70.

［184］刘志彪．生产者服务业及其集聚：攀升全球价值链的关键要素与实现机制［J］．中国经济问题，2009（1）：3－12.

［185］路艳红．生产性服务与制造业结构升级——基于产业互动、融合的视角［J］．财贸经济．2009（9）：126－131.

［186］贾根良，刘书瀚．生产性服务业：构建中国制造业国家价值链的关键［J］．学术月刊，2012（12）：60－67.

［187］连南杰．制造业服务化提升产业价值链［J］．中国工业评论，2015（11）：24－31.

［188］刘斌、魏倩、吕越、祝坤福．制造业服务化与价值链升级［J］．经济研究，2016（3）：151－162.

［189］北京大学中国经济研究中心课题组．中国出口贸易中的垂直专门化与中美贸易［J］．世界经济，2006（5）：3－11.

［190］袁志刚，饶璨．全球化与中国生产服务业发展——基于全球投入产出模型的研究［J］．管理世界，2014（3）：10－30.

［191］臧旭恒，赵明亮．垂直专业化分工与劳动力市场就业结构——基于中国工业行业面板数据的分析［J］．中国工业经济，2011（6）：47－57.

［192］王玉燕，林汉川，吕臣．全球价值链嵌入的技术进步效应——来自中国工业面板数据的经验研究［J］．中国工业经济，2014（9）：65－77.

［193］王俊．服务业就业增长之谜：对鲍穆尔—富克斯假说的再检验［J］．人口与经济，2008（6）：44－48.

［194］顾乃华，夏杰长．生产性服务业崛起背景下鲍莫尔—富克斯假说的再检验——基于中国236个样本城市面板数据的实证分析［J］．财贸研究，2010（6）：14－22.

［195］王恕立，胡宗彪．中国服务业分行业生产率变迁及异质性考察［J］．经济研究，2012（4）：15－27.

［196］王恕立，滕泽伟，刘军．中国服务业生产率变动的差异分析——基于区域及行业视角［J］．经济研究，2015（8）：73－84.

［197］庞瑞芝，邓忠奇．服务业生产率真的低吗？［J］．经济研究，2014（12）：86－99.

［198］陈艳莹，王二龙．要素市场扭曲、双重抑制与中国生产性服务业全要素生产率：基于中介效应模型的实证研究［J］．南开经济研究，2013（5）：71－82.

［199］宫俊涛，孙林岩，李刚．中国制造业省际全要素生产率变动分析——基于非参数 Malmquist 指数方法［J］．数量经济技术经济研究，2008，25（4）：97－109.

［200］姚星，李彪，吴钢．服务外包对服务业全要素生产率的影响机制研究［J］．科研管理，2015，36（4）：128－135.

［201］张自然．考虑人力资本的中国生产性服务业的技术进步［J］．经济学：季刊，2010，10（1）：153－168.

［202］李晀．服务业开放与我国服务业的生产效率研究——基于特定服务业的面板数据分析［J］．产业经济研究，2016（3）：102－110.

［203］顾乃华．我国服务业发展的效率特征及其影响因素——基于 DEA 方法的实证研究［J］．财贸研究，2008，19（4）：60－67.

［204］黄莉芳，黄良文，洪琳琳．基于随机前沿模型的中国生产性服务业技术效率测算及影响因素探讨［J］．数量经济技术经济研究，2011（6）：120－132.

［205］刘志彪，巫强等．扩大内需条件下的经济全球化战略——长三角新时期的对外开放问题研究［M］．经济科学出版社，2013 年．

［206］张辉．全球价值链理论与我国产业发展研究［J］．中国工业经济，2004（5）：40－48

［207］刘志彪．中国沿海地区制造业发展：国际代工模式与创新［J］．南开经济研究，2005（5）：37－58.

［208］张向阳，朱有为．江苏省对外贸易经济合作厅孙津嵌入全球价值链与产业升级——以苏州和温州两地为例［J］．国际贸易问题，2005（4）：63－68.

［209］杨桂菊．本土代工企业竞争力构成要素及提升路径［J］．中国工业经济，2006（8）：22－28.

［210］汪建成，毛蕴诗．从 OEM 到 ODM、OBM 的企业升级路径——基于海鸥卫浴与成霖股份的比较案例研究［J］．中国工业经济，2007（12）：110－116.

［211］朱瑞博．核心技术链、核心产业链及其区域产业跃迁式升级路径［J］．经济管理，2011（4）：43－53.

［212］徐康宁，冯伟．基于本土市场规模的内生化产业升级——技术创新的第三条道路［J］．中国工业经济，2010（11）：58－67.

[213] 王昌盛，周绍东，钱书法．本土企业在全球价值网络中的建构性升级——分工、技术与市场内生互动的“第三条”路径 [J]．世界经济与政治论坛，2014 (3)：63 – 74.

[214] 唐春晖．产品架构、全球价值链与本土企业升级路径 [J]．工业技术经济，2010 (2)：16 – 20.

[215] 刘维林．产品架构与功能架构的双重嵌入——本土制造业突破 GVC 低端锁定的攀升途径 [J]．中国工业经济，2012 (1)：152 – 160.

[216] 刘志彪，张杰．全球代工体系下发展中国家俘获型网络的形成、突破与对策——基于 GVC 与 NVC 的比较视角 [J]．中国工业经济，2007 (5)：39 – 47.

[217] 刘志彪，张杰．从融入全球价值链到构建国家价值链：中国产业升级的战略思考 [J]，学术月刊，2009 (9)：59 – 68.

[218] 张少军．全球价值链与国内价值链——基于投入产出表的新方法 [J]．国际贸易问题，2009 (4)：108 – 113.

[219] 张少军，刘志彪．产业升级与区域协调发展：从全球价值链走向国内价值链 [J]．经济管理，2013 (8)：30 – 40.

[220] 刘志彪．从全球价值链转向全球创新链：新常态下中国产业发展新动力 [J]．学术月刊，2015 (2)：5 – 14.

[221] 裴长洪，郑文．中国开放型经济新体制的基本目标和主要特征 [J]．经济学动态，2014 (4)：8 – 17.

[222] 王子先．世界经济进入全球价值链时代，中国对外开放面临新选择 [J]．全球化，2014 (5)：61 – 71.

[223] 刘志彪．重构国家价值链：转变中国制造业发展方式的思考 [J]．世界经济与政治论坛，2011 (7)：1 – 14.

[224] 乔小勇，王耕，郑晨曦．我国服务业及其细分行业在全球价值链中的地位研究——基于“地位—参与度—显性比较优势”视角 [J]．世界经济研究，2017 (2)：99 – 113.

[225] 刘玉荣．从被动嵌入到主动构建——GVC 视角下产业升级的新路径 [J]．现代经济探讨，2015 (10)：64 – 68.

[226] 刘玉荣，查婷俊，陈东．服务业就业能力提升与经济发展“阈值效应”的国际经验——基于世界 43 个主要发达国家和部分发展中国家的实证分析 [J]．世界经济研究，2016 (7)：98 – 108.

后　记

掩卷时分，已是夜阑人静。千余日夜已从手边悄然溜走，日复一日的写作，至今日终于可以搁笔。以前常听说“攻博不仅是个学习知识的过程，更是一段心灵跋涉的历程，这个阶段可能是一生中最为艰难的阶段”，当时不以为然，等自己真正经历了这一过程，才体会到了其间的真意。撰写博士毕业论文阶段，不仅是一段艰辛的思考、总结、归纳、演绎、升华的智力活动过程，也是一段比体力、比耐力、比毅力、比心情的全面坚持与对抗过程，其间痛苦、彷徨与失败并存，欢乐、汗水与胜利同在！无论如何，这将是一段刻骨铭心的难忘历程。

回想起一路走来的点点滴滴，感激之情油然而生。感谢我的导师刘志彪教授，感恩生命中遇到这样的好老师，像父亲般地让我倍感温暖，导师的关爱是我几年来坚持和前进的动力和基石。在论文的选题、开题、写作、定稿的各个环节，导师都给予我悉心的指导甚至是手把手的帮助。3 年来，导师不仅教会了我从事科学研究的基本能力，而且在为人处世、治学态度、师德师风方面也是润物无声，让我感到这几年跟着他学习，自己在各方面都有了全面提升。心中一直铭记他对我说的话：“人生没有奇迹，没有捷径，与其对未来患得患失，不如踏踏实实努力做现在的每一件事情。”这句话使我 3 年中能静下心来，脚踏实地地专心学术，慢慢地找到了学术的乐趣。“一日为师，终身为父！”谢谢您，我亲爱的刘老师！

感谢 3 年中辛勤培养、教育我的各位老师。特别感谢南京大学的郑江淮教授、吴福象教授、魏守华教授、李晓春教授、张谊浩教授，南京审计大学的姜德波教授，江苏社科院的陈柳研究员对我论文进行评阅与指导，使得我的论文更加严谨与规范。感谢皮建才老师、杨柳老师、谭用老师、卢翠翠老师、王宇老师，他们精彩的授课讲座、课堂讨论、学术沙龙、课程实践开阔了我的视野，完善了我的知识结构，丰富了我的理论素养；感谢同门师姐江静教授、师兄巫强老师、颜银根老师、陈启斐老师，感谢安徽大学的王玉燕老师，南京财经大学的韩中老师、杨继军老师，中国社科院的苏庆义老师、王岚老师，他们都曾给我提供了大量的无私的帮助和指导，感恩之情，永远铭记于心！

感谢1509工作室的兄弟姐妹们，程俊杰博士、王树华博士、曹东坡博士、桑瑞聪博士、陈东博士、董也琳博士、刘丹鹭博士、查婷俊博士、黄志军博士、刘鹏博士、张宸博士、凌永辉博士、董昕灵博士、闫东升博士。1509工作室就像一个快乐的大家庭，给了我许多温暖的回忆。感谢我多年的挚友曹慧平博士、刘芳博士，感谢安徽财经大学国贸学院的领导与同事们，感谢第四军医大学的申红远博士，他们在我读博期间对我的关心与帮助至今难忘！感谢我的博士生同学刘颜博士、邓若冰博士、黄妍妮博士、王高凤博士、熊永莲博士、占华博士、张晓磊博士、孙丽娟博士、王亚楠博士、许璐博士、陈广博士。同学情谊，永远是我人生最宝贵的财富！

感谢我的父母和兄弟姐妹，家人给予我的爱永远伟大而无私，并且始终毫无怨言、不图任何回报！感谢我的公婆多年的陪伴和默默付出，感谢我的爱人王三喜，一直为我加油打气，给了我最大的帮助。感谢我的儿子王正奇，他总是在我最困难的时候给我灵感和动力！鼓励我要一往无前，永不退缩！我的家人们，我爱你们！

未来的学术之路还很长，我会带着努力继续勇敢向明天启航！

刘玉荣

2017年3月6日于南京大学安中楼1509室